노철학자의 인생수업

노철학자의
인생수업

송석구 전 한국철학회 회장 에세이

송석구 지음

한스컨텐츠

가끔 옛 정취가 지독히 그리워질 때가 있다. 추억 속 가을의 들
녘은 사뭇 누렇기만 했다. 일산 쪽으로 가는 신작로는 온통 코
스모스로 덮여 있었다. 청초한 갖가지 색으로 한 덩어리를 이
룬 꽃동산을 지나 길가 주막집으로 향해갈 때, 해가 서산마루
에 걸려 있었다.

멀리 북한산 백운대의 옆모습이 확 트여 그렇게 우람할 수
없었다. 논두렁길을 걷다 보면 길가에는 어느새 무가 땅을 뚫
고 나와 푸른 꼭지를 자랑스럽게 드러내놓고 있다. 살진 벼이
삭을 훑어보면서 이슬이 내리는 황혼길을 걸었다.

곧 주막집에 도착해, 보글보글 끓어오르는 김치찌개를 안
주삼아 막걸리를 마시곤 했다. 하루의 피로가 흩어지는 구름처

럼 사라지고, 삶의 길목들을 하나하나 새삼 느꼈다. 보름을 얼마 남기지 않아 둥근달은 마치 선녀를 거느리고 하강하듯 휘영청 밝아 황금빛 들과 한바탕 어울렸었다.

현대의 도시인, 직장인들은 하늘 한 번 보기 어렵도록 바쁘게 살아간다. 일을 위해서 사는지, 삶을 위해서 일을 하는지 분간하기 어려울 지경이다. 하늘의 별 한 번 바라보기 어려우니 인간 소외라는 말들을 내뱉게 되는 것이다. 하지만 그런 생각도 잠깐 스쳐 지나갈 뿐 어느새 다시 경쟁의 수레바퀴에 매달려 정신없이 돌아간다.

거대한 기계의 부속품에 불과한 자신의 삶을 확인할 때쯤에는 몸 바쳐 일했던 정든 직장을 뒤로하고 거리로 나서는 비극을 맞이하기도 한다. 회사의 부속품처럼 되고 마는 것은 기계 전체를 보지 못하고 자신이 있어야 할 위치에서 직분만 다하므로 그런 일이 발생하는 것이다.

이처럼 현대인의 가장 큰 문제는 전체를 보지 못하고 부분 속에서만 살고 있다는 것이다. 산업화 시대의 문화가 아직도 사회 곳곳에서 망령처럼 살아 숨 쉬고 있다. 규격화, 분업화, 극대화, 집중화, 획일화의 틀 속에서 창조적인 생산이 없이 마네킹처럼 살아간다.

자기 자신은 사라지고 없다. 스스로 생각하고, 스스로 결단하고, 고뇌하고, 슬퍼하고, 고독을 느끼는 자신은 사라진 지오래다. 빵과 커피로 시작되는 아침, 회사에서 매몰되어 일하다가 저녁에는 퇴근해서 TV에 빠져 있는 규격화된 소시민의 삶을 살아간다. 많은 사람이 여기에서 탈출하고 싶어 하지만 잃어버린 나의 주인공을 되찾기가 간단하지 않다. 아무리 사회가 구조적으로 인간의 개성을 말살해버린다고 해도 인간은 자기 스스로가 주인이지 직장이나 특정 사회 같은 시스템이 주인이 될 수는 없다.

여유가 필요하다. 나를 찾는 삶은 나를 되돌아보는 관조적인 자세와 여유에서 시작된다. 파스칼은 철학에 대해서 "참으로 자기를 비웃는 자가 철학하는 사람"이라고 말한 적이 있다. 이미 자기를 비웃을 정도가 되면 그는 자신을 찾고 있는 과정에 있다. 고독과 소외의 아픔으로 괴로워할망정 자신을 자각하고는 있는 것이다.

직장에서의 소외감은 이기심과 독단과 아집의 산물이다. '나만'이라는 생각, '저 높은 곳을 향하여'라는 성취욕의 결과물인 것이다. 그러나 그것이 이뤄지는 것은 쉽지 않다. 지위, 명예, 물질적 풍요는 원하는 사람의 의지로만 얻어지는 것도 아니다.

결과만을 중시하는 성과주의자보다, 진실한 삶은 불확실성을 예견하며 사는 과정이라는 주장이 더욱 설득력이 있다. 삶은 결코 성취된 결과만으로 판단할 수 있는 것이 아니다. 삶은 한 계단 한 계단을 올라가는 과정이 모여서 만들어지는 것이다. 마라톤 선수가 목적지를 한 번에 도달할 수 없듯 말이다. 그는 언제나 한 걸음을 뗄 수 있을 뿐이다. 점의 연속이 직선이 되듯, 발자국의 연속이 결승점을 통과하는 결과를 낳는 것이다.

따라서 매일의 자기 성실성이 필요하다. 자기 성실성이라는 것은 부속품으로서의 자기를 더 큰 전체 속으로 환원시키는 것이다. 여기에 더불어 삶이 전개되고 내 이웃이 귀중해지는 것이다. 한 사람 한 사람이 소중하고 절대적인 가치를 지니고 있는 것이다.

코스모스 꽃들이 피고, 붉고 노란 꽃들이 어울려 청초한 아름다움을 더해주듯 세상에는 어느 것 하나 필요하지 않은 것이 없다. 저마다 각자의 가치를 가지고 전체를 이루고 있는 것이다.

이렇게 생각해볼 때 우리의 시야를 저 창공을 넘어 하늘 끝까지 넓혀볼 필요가 있다. 개미집 속에서 웅크리고 살지 말고 이웃을 인식하고 살아야 한다. 나의 보다 넓은 확장은 나를 전체 속에 내던지는 것이다.

나를 위해 내가 무엇을 할 것인가가 아니라 너를 위해 나는 무엇을 해야 하나라는 것으로 나를 전환시키는 것이다. 거기에서 나는 전체와 하나가 되고, 그 하나 속에서 나를 자각하게 되는 것이다.

인생관을 만들어 나갈 때 있다로부터 없다는 사유로 전환할 필요가 있다. 이러한 사유의 변혁이 있어야만 참다운 자아를 알 수 있을 것이다.

서산 대사는 〈삼몽사(三夢詞)〉라는 시를 남겼다.

주인은 손님과 더불어

자신의 꿈 이야기를 하고

손님은 주인에게

제 꿈을 이야기하는구나

지금 두 꿈을 이야기하는 나그네들이여

이 역시 꿈속의 사람들일 뿐

이 시는 인간에 대해 참으로 쉽게 말해주고 있다. 이 세상을 오직 진실로 있다고 믿는 사람들에게 세상을 바르게 보여주는 철퇴 같은 가르침이다.

사람은 누구나 영원해지기를 원한다. 하지만 그 어떤 것도 영원한 것은 없다. 무상한 것이다.

무상을 말하면 마치 허무주의, 패배주의라고 몰아치는 사람도 있지만 그들이야말로 무상을 깨쳐야 할 사람들이다.

동서고금의 호걸들이 얼마나 살았던가? 그들 역시 넓은 차원에서는 하루살이로, 이 세상의 손님으로 왔다 간 것에 지나지 않는다.

우리는 이 세상이라는 집에 잠시 세를 들어 살아가는 것이다. 자기가 이 세상에 세 들어 사는 사람이라면 세상을 한탄할 것도 없다. 겸손하게 이 세상이라는 집을 사는 동안 닦고 수리하고 다음 사람을 위해 집을 넘겨줄 준비를 해야 한다.

이 모든 것은 결코 내 것이 아니다. 모두가 빌려 쓰고 있는 것이다. 빌려 쓰는 사람은 언제나 집을 소중하게 다루고 조심스러워해야 한다.

우리 삶이 내 것만이 아니라 우리 전체의 것이라는 자각으로 겸허한 자세로 살아가야 한다. 또한 잠시 들렀다 떠나는 빌려 쓰는 인생이라는 마음가짐을 가진다면 조금은 덜 아등바등하는 삶을 살아갈 수 있을 것이다.

이 역시 모두 꿈속의 이야기일지도 모르겠으나, 때로는 각박하고 혼란스러운 세상을 살아가는 많은 독자 여러분이 이 책을 통해 보다 관조적이고 여유 있는 삶을 영위하기를 빈다.

2018년 12월
송석구

차례

1장

나의 인생, 나의 철학

어떻게 살 것인가

중학교 3학년 때 담임 선생님의 존함은 정구택이었는데 훗날 대전중학교 교사를 그만두고 한 종교 수련원으로 들어갔다. 선생님은 매일 아침 일찍 등교해 칠판 한 귀퉁이에 영적인 잠언(箴言)을 써놓고 학생들에게 읽어주셨다.

먼 세월의 강을 건너 도산 안창호 선생님의 말씀, 영국의 사상가 토머스 칼라일의 인생훈 등이 지금도 희미하게 기억에 남아 있다. 나는 첫 수업이 시작되기 전 칠판에 써놓은 그 글귀를 읽고 또 읽으며 가슴에 담았다.

그분들의 메시지는 '인생은 무엇인가? 영혼은 무엇이며, 육체는 어떤 것인가? 삶이란 무엇이며 죽음은 무엇인가? 어떻게 사는 것이 참다운 인생인가?' 등에 관한 내용이었다.

이때부터 나는 어떻게 살 것인가를 삶의 화두로 삼아왔다. 내가 타고나기를 대단히 사색적이고 생각이 깊은 사람이어서 그런 것이 아니라 당시 처했던 환경이 나로 하여금 그 문제에 골몰하게 만들었던 것이다.

나는 만사를 긍정적으로 생각하는 사람이다. 내가 하고 싶은 것은 어떠한 난관이 있더라도 열정적으로 추진하고 실천하는 편이다. 소위 철학적 기질로 분류되는 내성적, 사색적, 정적, 회의적인 면은 스스로 부족하다고 여긴다. 물론 인간은 극단적으로 내성적인 사람이 가장 외향적인 사람이 되기도 하고, 또 그 반대가 되기도 한다.

인간은 늘 이중적인 구조 속에서 하나의 경향성을 지닐 뿐이다. 그런 면에서 나의 실천적인 성향도 어떤 특정한 현실에서 드러난 하나의 경향성일 뿐이라고 말할 수도 있겠다.

나는 대전중학교를 다니면서 바로 옆에 있는 대전고등학교로 진학할 것인가 아니면 형님이 계시는 서울로 갈 것인가를 깊이 고민하고 있었는데 그 결정은 내 삶에서 매우 중대한 문제였다.

그때 어느 날 담임 선생님이 칠판 귀퉁이에 적어두었던 보다 넓은 세계를 바라보고 살라는 명언이 나의 삶을 결정해주었다. 집에서는 누구도 나에게 고등학교와 대학 진학에 조언을 해주는 사람이 없었다. 나는 스스로 내 운명을 개척할 수밖에 없는 처지에 놓여 있었던 것이다.

하지만 그 결정을 따르기에는 극심한 난관이 있었다. 누가 고등학교 학자금을 대줄 수 있는가 하는 문제였다. 책임져줄 사람이 아무도 없었다.

그때 한 줄기 빛 같은 생각이 떠올랐다. 형님이 계신 서울로 가자. 서울로 가면 어떻게든 고등학교는 다닐 수 있을 것이다. 공부는 그런대로 하는 편이었으니까 열심히 하면 장학금을 받으며 다닐 수 있을 것이라고 생각했다.

서울로 올라가겠다는 내 말에 식구들은 아무 반응도 보이지 않았다. 어릴 때부터 한 번 결심하면 물러서지 않는다는 것을 잘 알고 있었다.

중학교를 졸업한 해 2월 말, 나는 방독면을 뜯어 만든 가방에 떡과 고구마를 넣고 서울행 기차를 탔다. 서울에 올라와보니 이곳이 내가 살아가야 할 곳이라는 다짐과 희망이 용솟음치는 것을 느낄 수 있었다. 현실의 난관에 굴하지 않고 서울로 상경한 보람이 있었다.

벤저민 프랭클린과의 만남

마침 그때 지금의 나를 있게 한 한 권의 책을 접하게 된다. 그것은 《벤저민 프랭클린 자서전》이었다. 그 책은 중학교 3학년 때 짝꿍이었던 친구가 선물한 책이었다. 나는 서울로 올라오는 기차 안에서 그 책을 모두 읽었다.

그때 받았던 감동을 어찌 말로 다 표현할 수 있겠는가? 일생 동안 이 책을 불경, 성경과 같이 가지고 다녔으며, 지금도 가끔 그 책을 서가에서 꺼내어 일별(一瞥)하곤 한다.

그 책은 내 청소년 시기를 뒤흔들었을 뿐 아니라 일생 나의 인격을 형성한 원천이 되었다. 지금 생각하면 이 책의 저자인 벤저민 프랭클린과 관심 분야나 성장 환경이 흡사한 측면이 많았다.

벤저민 프랭클린은 1760년 보스턴에서 양초와 비누를 만드는 영세 상인의 아들로 태어났다. 열 살이 되면서 집안일을 도와야 했다. 틈틈이 아버지 일을 돕거나 형과 함께 인쇄 일을 하면서 글을 쓰기 시작했다. 그런 프랭클린을 보며 아버지는 프랭클린이 가업을 이어받기 바라서 행여 문학에 빠질까 봐 시인은 거지라는 말을 입버릇처럼 했다. 그러나 프랭클린은 자신의 글을 갈고 다듬은 끝에 뛰어난 문필가로 성장했다.

벤저민 프랭클린은 그렇게 되기까지 마치 수도원의 고행자처럼 엄격한 생활을 했다. 스스로 만든 윤리적 실천 원칙을 철저하게 지키면서 절제된 생활을 견지했다. 그 결과 자신의 뛰어난 글과 훌륭한 인품을 하나로 합일시킬 수 있었다.

나는 벤저민 프랭클린에게서 도덕적 생활 태도와 용기를 배웠다. 그는 열세 가지 덕목을 정해 매일같이 실천 상태를 점검했다. 그 덕목은 절제, 정숙, 질서, 결심, 절약, 근면, 정적, 공정, 중용, 청결, 침착, 순결, 겸손이다.

나는 돈을 아끼기 위해 종이를 사서 끝을 실로 꿰맨 노트를 만들었다. 그리고 매일 저녁 노트에 이 덕목을 실천했는가를 오 엑스로 표기하며 점검했다.

그러한 노력은 결실을 맺기 시작했으며, 우연인지 필연인지 행운도 따랐다. 고등학교 시절 이런 훈련을 하면서 나의 정서는 안정되어갔고, 생활 습관 또한 바르게 형성되었다. 그렇게 마음이 안정되니 어려운 생활이지만 만족할 수 있었다.

감성을 풍부하게 만들기 위해서 시와 소설도 썼다. 습작에 불과하지만 자비로 시집도 한 권 출간했다. 고등학교 교지에 단편 소설을 발표하기도 했으니 문학청년으로 학창 시절을 보낸 셈이다.

누구나 그렇겠지만 1950년대 나의 학창 시절은 실존의 고독, 소외, 불안, 방황, 허무의 시대였다. 멀리 고향을 떠나와 서울에서 하숙과 자취를 하며 사춘기를 보낸 탓도 있을 것이다. 그 시절의 정신적 공허함을 손창섭의 《잉여인간》 등과 같은 문학 작품이나 〈현대문학〉 같은 문학잡지 등을 읽으며 메웠다.

막연히 철학과 문학에 들떠 있던 고등학교 삼 년 동안 나는 성장통으로 많이 아팠다. 문학 책을 읽고, 시를 쓰고, 벤저민 프랭클린의 자서전을 읽으며 윤리적인 생활을 습관화함으로써 그 시기를 이겨낼 수 있었다. 그 힘이 지금의 나를 있게 한 튼튼한 초석이 되었다.

신비의 학문, 철학

벤저민 프랭클린처럼 문필가가 되고 싶다는 마음은 있었지만 국문과로 진학하고 싶지는 않았다. 당시 신문에는 실존주의 철학이 자주 소개되었다.

나는 김준섭 교수님이 쓴 《실존철학》을 읽고 심취했다. 그것이 계기가 되었을까? 철학이라는 학문이 나에게 인상 깊게 다가왔다.

철학! 그 단어는 그때 나를 얼마나 매료시켰는가? 철학이라는 말 자체가 신비로운 느낌을 주었다. 그러면서 철학이 모든 학문 중의 학문이라는 소박한 생각이 가슴 깊이 자리 잡기 시작했다. 철학을 흠모하는 마음을 키워 나가던 중 대학에 진학할 시기가 다가왔다.

나는 철학을 전공하기로 마음먹었다. 동국대학교 불교대학 철학과에 입학했다. 불교대학에 철학과가 있다는 것부터가 매력적이었다. 요즘 말로 하면 블루오션이었다. 불교 철학을 많은 사람이 하지는 않을 것이므로 독자적인 영역을 개척하며 마음껏 책을 읽고 글을 쓰고 사유할 수 있을 것이라 확신했다.

한편으로는 정신적 자유를 누릴 수 있는 교수의 길을 걸을 수 있을 것이라 기대하며, 입학 때부터 철학 교수를 꿈꿨다. 그러나 그 길이 형극의 길이라는 것은 얼마 지나지 않아 알게 되었다.

동국대학교에서는 불교학, 동양 철학, 서양 철학 세 분야를 모두 가르쳤다. 요즘과 달리 백팔십 학점이라는 적지 않은 학점을 이수해야 졸업할 수 있었다. 동양 철학과 불교 철학이 백이십 학점, 서양 철학이 육십 학점이었다.

입학생이 육십 명 정도였는데, 한 학기가 지나고 나니 삼십 명으로 줄었고 이학년 때는 다시 열다섯 명으로 줄었다. 그중에서도 열심히 강의를 듣는 학생은 나를 포함해 대여섯 명 정도에 불과했다. 마치 개인 교습을 받는 기분으로 강의를 들었다. 열심히 공부하기도 했고, 약간의 운도 따랐기에 장학금을 받을 수 있었다.

당시 불교 철학 강의는 김잉석, 박춘해, 김동화, 백성욱, 임석진, 조명기 교수님이 맡아서 했고, 동양 철학은 자연 김용배, 김병규, 한상연 선생님이 가르쳤다. 서양 철학은 태암 김규

영, 온버림 정종, 계천 윤명로, 이석희 교수님으로부터 배웠다. 대학원에 진학해서는 안호상, 김경탁 선생님에게 가르침을 받았다.

나는 지금도 이렇게 훌륭한 선생님들의 강의를 들으며 학교를 다닐 수 있었던 것을 무한한 행복으로 생각하고 진심으로 감사하고 있다.

실 천 철 학 으 로 의 전 환

20대의 어느 날, 낙엽이 떨어지는 광화문의 오후는 한산했다. 나는 공허하고 허무한 감정을 헤아릴 수 없었다.

　대체 인간은 왜 태어났으며 또 죽어야 하는가? 나는 과연 어떠한 존재인가? 지금 이 거리를 적막하게 걷는 나는 누구인가? 슬퍼했다, 기뻐했다, 즐거워하는 나는 무엇인가? 나는 왜 송 씨로 이 땅에 태어났을까? 그리고 앞으로 나는 어떻게 될 것인가?

　청춘의 허무성, 미래에 대한 불확실성, 그리고 4·19혁명과 자유당 정권의 몰락, 뒤이은 5·16군사혁명 등은 나를 더욱 깊은 절망과 방황으로 이끌었다. 그 누구에게 물어봐도 누구 하나 시원하게 만족시키는 해답을 주는 사람이 없었다. 빌헬름

딜타이, 쇠얀 키르케고르의 글 속에서 일말의 동감을 얻었건만 근원적인 나의 물음은 해결되지 않고 있었다.

중앙청 돌담을 끼고 경복궁 앞을 거닐 때였다. 존경하는 P 선배가 나의 이러한 간절한 물음에 오랫동안 침묵으로 걷다가 이렇게 말했다.

《금강경》이라는 경전 속에, "범소유상 개시허망 약견제상비상 즉견여래(凡所有相 皆是虛妄 若見諸相非相 卽見如來)"라는 말이 있지. 이 말로써 너의 물음에 대답할 수밖에 없군.

직역하면 "무릇 형상이 있는 것은 다 허망하니 만약 모든 형상을 형상 아닌 것으로 보면 곧 여래를 보리라"이니, 현실의 모든 상이 허상이라는 것을 알면 그 즉시 깨달음을 얻고 부처가 된다는 말이다.

나는 그 말을 듣고 큰 의심이 풀리기 시작했다. 그때부터 단지 상식으로만 알고 있던 불교 경전을 다시 접하게 되었고, 새로운 환희를 맛볼 수 있었다.

한편으로 내 청춘의 고뇌는 어느 정도 이것이 해소시켜주기는 했지만 그 이후로도 오랫동안 나는 확연한 깨달음을 얻지는 못하고 있었다. 붓다의 그러한 말씀은 나를 기쁘게 했지만 아직 불교에 완전히 귀의한 신자는 되지 못한 것이다.

절에 가서 부처님 상을 보고 절을 하고, 합장 배례하는 것도 일정한 예식이 있는데 그런 것들도 나를 구속하는 것처럼 느껴졌다. 무엇보다도 우상을 놓고 절을 하는 모습, 무당집마냥 울긋불긋한 단청들이 나의 비위를 거슬렀다.

절을 하는 것도 처음에는 여간 쑥스럽지 않았다. 그래서 얼마 동안 절로 다니고 불교 공부를 하면서도 선배한테 핀잔을 받기도 하고, 믿음이 없다고 빈축도 샀다. 그때만 해도 믿음이 무엇인지를 알 수 없었다. 또 왜 믿어야 하는지도 명백히 납득하지 못했다. 간단히 말하면 신앙보다 이성을 믿고 있었다.

대학원에 진학해 학문의 길을 걷기로 결심했을 때도 여전히 의문을 품고 있었다. 동양 철학이 나의 삶과 일치하는 지향점을 갖고 있기는 했지만 논리적인 비약성과 모호함이 마음에 걸렸다.

동양 철학의 성인, 불교의 깨달음은 직관적이기는 하지만, 학문이라고 하기에는 논리적으로 설명할 수 없는 세계라는 한계가 있었다. 나는 서양 철학을 통해 논리적 훈련을 충분히 거친 후 다시 불교와 유학으로 돌아와야 한다고 생각했다.

대학원에 진학할 무렵에도 여전히 어떻게 살아야 하는가라는 명제는 내 곁을 떠나지 않았고, 결정적으로 사춘기 시절의 도덕적 훈련은 철학에서 윤리학으로 방향을 선회하게 하는 방향타 역할을 해주었다. 윤리학이야말로 나의 행위 법칙을 결정할 것이고 선한 생활로 이끌어줄 것이라고 믿었다.

학문과 삶이 일치해야 한다고 생각했고, 이론은 실천을 전제로 해야만 의미가 있다고 여겼다. 이론과 실천이 격리된다면 그것은 현학적 허위에 불과한 것이다.

　나는 윤리의 기초가 되는 선악의 문제에 대한 심도 있는 탐색을 하고 싶었기에 조지 에드워드 무어의 《윤리학 원론》을 탐독했다. 무어의 윤리학을 통해 선에 대한 상세한 내용을 학습했고, 무어의 선의 개념을 내 대학원 첫 논문의 주제로 삼고 닥치는 대로 그의 책을 섭렵했다. 실천 철학으로의 전환이 이뤄진 것이다.

대학원 이학기를 마치고 1963년 군에 입대할 시기가 다가왔다. 나는 장교로 군 생활을 하기로 결심하고 해병대 사관후보생 시험에 응시했다. 장교로 입대한 후에는 더욱 불교에 빠져들었다.

서옹 스님이 동국대학교 선원장으로 재임하던 시절, 화두로 받은 〈보현행원품〉(《화엄경》의 보현보살 행원품)을 읽기 시작했다. 관측소에는 한가한 시간이 많았다. 일 년 동안 김포 임진강변 관측소 포병장교로 근무하면서 매일 〈보현행원품〉을 읽었고 조지 에드워드 무어의 《윤리학 원론》은 다섯 번을 읽었다.

1966년 베트남전쟁에 파병되었다. 전쟁은 나를 어떻게 살아야 하는가라는 문제에서 죽음에 관한 문제로 이끌었다. 죽음에 대한 불안감을 극복하는 것은 삶의 또 다른 중요한 문제였다. 삶의 문제가 죽음의 문제로 바뀌기 시작했다. 제행무상, 제법무아가 현실로 다가왔다. 모든 행위는 변화하며, 나라는 것은 없다. 죽음이 닥칠 때 죽음에 대한 불안을 극복하는 것이야말로 또 하나의 사유 체계였다.

나는 해병대 대위 출신이다. 한창 젊었던 시절, 지금은 잊힌 전쟁으로 치부되는 베트남전쟁에 참전해 정글을 누볐다. 포병 관측장교로 부하들과 함께 전장에서 숱한 생사의 갈림길에 섰었다. 등 위에서 죽어가는 전우를 업은 다음 어떻게라도 살리려고, 수송 헬기를 찾아 포화 속을 줄달음친 적도 있다. 매일 밤, 스스로 죽음의 공포에 떨기도 했다.

잠깐 그때의 기억을 되새겨보면, 지금까지 가장 기억에 남는 전투가 있다. 1967년 2월에 있었던 베트남 추라이 짜빈둥 격전이다. 당시 월맹군과 새벽부터 전투가 벌어졌다. 새벽 네 시경, 아직 칠흑 같은 어둠이 숲을 에워싸고 있었으나, 월맹군의 기습 침투가 시작됐다.

나는 짜빈둥 격전지에서 불과 이 킬로미터쯤 떨어진 144고지에서 관측 임무를 책임지고 있었다. 하늘에서 조명탄이 터지기 시작하면서 정글은 대낮같이 밝아졌고, 아군 중대와 적들 사이의 전투 모습이 한눈에 들어왔다.

해병대 중대와 침투하는 적들이 마주치면서 빗발치듯 총격이 오갔다. 짜빈둥의 중대 포병 관측장교는 과감하게 진내 사격을 감행했다. 삽시간에 우리 해병대는 미리 파놓은 토끼굴로 산개했고, 적들을 겨냥한 집중 포화가 이어졌다. 실로 필사 즉생(必死則生)의 현장이었다.

멀리 먼동이 터올 때까지 전투는 계속됐고, 영화의 한 장면처럼 검은 포연이 정글을 가득 메우고 나서야 끝났다. 월맹군 전사자는 이백오십여 명, 우리 군도 열다섯 명이 목숨을 잃었다.

대학에서 이론으로만 철학을 공부했던 내가 이런 처절한 전투 현장에서 체득한 것은 삶과 죽음의 극복에 관한 실천적 철학이었다.

나는 이때 스피노자를 만나게 된다. 자연 속에 있는 모든 것에는 인과의 필연만이 존재한다. 개체의 목적의식은 없다. 자연이 부여한 법칙의 필연성에 따르면 되는 것이다. 죽는 것도 필연이요 사는 것도 필연임을 깨우치게 되었다.

나는 전쟁터에서 이성의 힘으로, 논리적으로 타당함을 찾는 합리성의 힘으로 죽음에 대한 불안을 극복하고자 했다. 철학은 나에게 영혼의 위안처였다. 내가 전쟁터에서 죽는 것도 자연의 필연적 귀결이며 하나의 기계적인 질서였으며 내가 살아서 귀국하는 것도 마찬가지라고 여겼다.

나에게 이러한 철학적 이해가 없었다면 죽음에 대한 불안을 극복할 수 없었을 것이다. 죽음 자체보다 죽음에 대한 불안감을 견디기 힘든 것이 인간이다. 나는 그렇게 베트남전쟁이라는 생사가 오가는 치열한 전쟁의 한복판에서 진정한 철학과 삶의 의미에 대해 눈뜨기 시작했다.

1966년 8월, 나는 망망대해의 남지나해(남중국해)를 가르는 브레치포드 수송선 위에 있었다. 뱃멀미가 심하고 구토와 어지러움에 지쳐 어떻게 지냈는지 모를 엿새째 되는 아침에 푸르다 못해 검어져버린 산과 파도가 밀려 부딪쳐 하얀 물거품이 만든 해안선을 따라 퀴논항에 입항했다. 얼룩무늬의 장병들이 하선할 때 내가 전쟁터로 가고 있음을 실감할 수 있었다.

144고지. 내가 최초로 배치된 전투 지역이었다. 고지 위에는 지름 오백 미터의 분지가 있었고, 다시 정글로 울타리가 쳐진 사찰과 넓고 푸른 잔디로 덮인 공터가 있었다. 절에는 승려 세 분이 있었는데 모두가 전쟁에 지쳐 눈은 허공에 떠 있고, 모든 것을 잃어버려 관심이 없다는 듯 사유가 정지된 상태로 늘어져 있었다.

우리는 이곳에서 한 달이면 열흘은 수색전을 나갔고 전투가 없는 무료한 나날은 지하 벙커에서 불안과 공허를 사지가 비틀어지듯 지겨워하고 있었다. 나는 살고 싶었고, 살기 위해 죽음을 깊이 생각할 시간이 있었다. 만약 이곳에서 죽는다면 나의 이성 속에서 내가 죽어야 할 합리적 근거가 있어야 한다고 생각했다. 내가 배워온 지식으로는 나의 죽음의 가능성을 도저히 정당화할 수 없었다.

나는 생각하고 또 생각했다. 그날의 전투에서는 우리 측의 피해가 많았다. 나의 무전사가 바로 내 앞에서 부상을 당해 후

송되었다. 한 발자국만 내가 빨랐든지 그 무전사가 늦었더라면 그 총알은 분명히 나에게 맞았을 것이다. 그렇게 생각하자 이제까지 나의 죽음에 대한 불안의 근거가 선명하게 드러나는 듯했다. 그것은 이성으로써 사유해 걸러 나온 것이 아니었다.

내가 죽든 내가 살든 모든 일은 내 것이 아니다. 그것은 우주의 질서가 그때그때 나를 필요로 해 결정하는 것이라는 직관이 가슴에 다가왔다. 그 순간부터 나는 죽음에의 불안을 조금씩 극복할 수 있었다.

나는 대학에서 불교도 배웠고, 누가 신앙이 무엇이냐고 물으면 의심 없이 불교 신자라고 자칭했지만 나 자신의 실존적 죽음의 문제 앞에서는 무기력하게 맥을 추지 못하고 있었다. 그러나 우주 질서의 한 요소로서 나의 존재를 확인하자 그것이 곧 부처님의 실존을 확인하는 것으로 확연하게 다가왔다.

죽음에의 극복이 종교적 귀의로 연결되는 것인지도 모른다. 영원을 지향하는 유상에의 집착이 얼마나 많은 고뇌의 나날을 안겨주었는지 잘 알고 있다. 그러기에 무상을 알면 곧 유상이 초극되고, 유상을 떠나면 무상도 없음을 알게 되는 것이다.

대중이 오해를 많이 하고 있지만, 불교는 허무주의가 아니고 중도를 통한 참다운 본성 자각을 이상으로 하고 있다. 따라서 이론과 믿음이 하나가 될 때 절대 긍정의 내가 우주와 합일되어 영원의 질서에 동참하게 된다. 교리에만 매달리면 길바닥에서 헤매게 되고, 믿음만 주장하면 허공의 팔랑개비가 된다. 머리로 알고 마음에서 행하면 무상을 넘을 수 있는 것이다.

144고지라는 전장에서 우리는 언제 적으로부터 기습을 받을지 몰랐다. 한 달이면 이십 일은 벙커 속에서 지내야 하고 열흘은 전투를 한다. 벙커 속에 있을 때는 하루 종일 비가 내리고 수많은 시간이 무료하기 이를 데 없다. 전투를 하는 것이 차라리 나을 때도 있다.

죽고 죽인다. 나는 언제 죽을지 모른다. 이때 인간의 운명, 우연성을 그 어느 때보다 깊이 생각했다. 그것이 무려 일 년이나 지속되었다. 이성의 필연성보다 운명의 우연성이 더 지배하는 전장이었다.

산다는 것과 죽는 것이 반반이다. 나는 살 것인가? 죽을 것인가? 아침에 같이 전투에 나갔던 전우가 오후에는 없다. 언제 나도 그러한 처참한 모습이 될지 모른다. 나는 이러한 불안에서 한시도 벗어나지 못했다. 이제는 죽는다는 것보다 이 불안을 해소하는 것이 더 큰 문제였다.

죽음, 불안, 우연 이러한 것을 어떻게 합리적으로 해소할 수 있을까? 이 죽음의 불안을 어떻게 탈출할까? 죽음이란 과연 무엇인가? 죽음에 직면하지도 않고 죽음에 대한 불안만으로도 죽을 것 같았다.

나는 그 불안감 속에서 어느 날 문득 깨달음을 얻었다. 이 세상에서 죽지 않는 것이 없다. 언젠가는 죽는다. 시간문제에 불과한 것이다.

나도 언젠가는 죽는다. 지금 내가 이렇게 번뇌에 가득한 것은 죽는다는 사실을 모르고, 믿지 않기 때문이 아닌가? 내가 언젠가 죽는다면 지금 죽으나 얼마 후에 죽으나 죽는다는 사실은 틀림없지 않은가? 다만 시간문제일 뿐인데 그것 때문에 지금 내가 괴로워할 것은 무엇인가?

나는 나만이 살고 싶다는 나의 집착에 사로잡혀 고통을 받는 것이 아닌가? 죽음으로부터의 해탈, 그것은 곧 아집으로부터의 해방이요, 동시에 진정한 자신의 발견이다. 믿음. 그것은 지성이나 논리가 아니다.

예전에는 불법의 철학을 지식으로 받아들였다면 이제 나는 믿음으로 받아들인다. 여기서 나는 부처님의 큰 미소에 합장하고 일체 앎의 한계를 깨달았다.

그 지루하고 무료한 시간들이 나를 밝히는 물처럼 고요하고 잔잔해졌다. 나의 주인공이 드러나기 시작했고, 진정한 삶의 의미를 찾았다.

정신의 자유를 찾아 떠난 길

1967년 4월 베트남에서 돌아온 이듬해인 1968년 1월 제대했다. 남은 한 학기를 마치고 논문을 작성해야 하는데 무어와 페리를 비교 분석하고 싶었다. 지도 교수인 윤명로 교수님에게 이러한 생각을 이야기하니, 김태길 선생과 상의하라고 해서 대학로 대학다방에서 논문 구상을 말씀드렸다. 김 교수님은 내 말을 듣고 나서 그렇다면 랄프 바턴 페리의 《가치의 일반 이론》을 읽어야 한다며 미국에서 주문해 구해주셨다.

지금도 후회스럽지만 교수님의 정성에도 불구하고, 시간적인 여유가 없어서 무어와 페리를 비교 분석하는 일을 충분히 하지 못한 것이다. 결국 비교 논문을 쓰지 못하고 무어의 선에 관한 논문으로 석사학위를 받았다.

아전인수 격의 해석이 될 수도 있겠지만 무어의 직각주의 윤리설은 마음에 있는 선의 개념을 경험이 아닌 직각으로 판단해야 한다는 것이 핵심 내용이다. 불교 철학에서처럼 마음을 통해 직접적으로 깨달아야 하듯 선도 역시 그러한 것이다. 선이 더는 분석할 수 없는 직각에 의해 파악되는 것이라면 분석 철학의 한계는 이미 드러난 것이다.

동양 철학의 성인이나 깨달음은 바로 이 한계로부터 실천의 세계로 나아가는 것이다. 나는 그렇게 마음을 먹고 이제부터는 본격적으로 불교의 마음, 유학의 성인의 길을 찾아보기로 결심하고 동양 철학의 문을 두드렸다.

약관 때부터 품었던 직업으로서의 철학, 직업으로서의 교수가 아니면 이상적인 삶의 목표에 도달할 수 없다고 믿었다. 석사를 취득하고 여러 대학에 강사를 지원했다. 몇 달 동안 그 어느 곳에서도 연락이 없었고 생활비는 바닥을 드러내고 있었다.

고향집에서는 직장을 하나 소개해주면서 며칠만 다녀보라고 했다. 강권에 못 이겨 스무날 정도 출근해서 일을 했다.

모 국영회사의 임시직이었는데, 국내외 전보 수를 통계 내는 단순 업무였다. 내 앞과 옆자리 직원 모두 대학교 출신이었고, 주임은 석사 과정을 준비 중이라고 했다. 그런 그들이 모두 단순직에 매달려 있었다. 나는 하는 일이 마음에 맞지 않아 소가 도살장 끌려가듯 출근했다. 매일 고민이 깊어졌다.

교수를 꿈꾸는 내가 이 일에 시간을 보내는 것이 맞는가?

박사 공부를 위해서 결단을 내려야 했다. 아무리 생각해도 이 길은 아니라는 생각이 계속 들었다. 그때 스피노자의 자유를 떠올렸다. 정신의 자유를 위해 베를린대학 교수 자리를 거절한 바로 그 자유였다. 끝내 학문을 통해 정신적 자유를 찾기로 마음을 먹었다.

사표를 내고 광화문으로 나왔다. 날씨는 무척 차가웠고, 눈이 내릴 것처럼 하늘은 잔뜩 찌푸려 있었다. 동천(冬天)의 매서운 바람 속에서 깊이 숨을 들이마셨다. 그러자 "잘했다. 어떤 역경도 성공의 어머니다. 후회 없이 앞으로 나가라"는 말이 귓가에 들리는 듯했다. 자신감이 생겼다. 고난을 이겨낼 신념이 생긴 것이다.

그 뒤로 나는 한 번도 공부 말고 다른 곳에 눈을 돌리지 않았다. 그리고 고비마다 최선을 다했다. 살다 보면 많은 유혹이 있다. 그리고 지금 내가 하는 일이 과연 적성에 맞는지 아닌지 회의가 들 때도 많다. 그때마다 스스로 물어야 한다. 정말 이 일을 간절히 원하는가? 하고 싶어서 하는가? 만약 그렇다면 어떠한 어려움도 극복하고 앞으로 나아가야 한다. 흔들려서는 안 된다. 자기가 하고 싶은 일을 하며 일생을 산다는 것은 축복받은 일이다. 그것이 바로 성공한 인생이다.

직장을 그만두고 나서 곧바로 합천 해인사로 떠났다. 백척간두진일보(百尺竿頭進一步)의 각오로 눈 쌓인 해인사에 도착하니 성철 큰스님이 맞아주셨다. 성철 스님은 새벽 예불 때 천

배, 사시맞이 때 천 배, 저녁 예불 끝나고 천 배를 하라며 친절히 정진수행법을 알려주셨다. 지금은 송광사 방장인, 당시 총무를 맡고 있던 보성 스님이 한 방을 쓰자고 해서 함께 생활하게 되었는데, 고행을 하고자 찾아온 사람이 대접 받는 것 같아 송구스런 마음이 들었다. 나는 꼬박 일주일 동안 매일 삼천 배를 했다.

진심으로 기도했건만 마음속에서 쓸데없는 많은 잡념이 일었다. 세속에 대한 그리움이 가시지를 않았으니 불문에 의탁해볼까 하던 마음은 점차 사그라지고 말았다. 결국 성철 큰스님을 찾아가 하산 인사를 하고 일주일 만에 속세로 내려오니 오히려 자유를 얻은 것 같은 기쁨마저 느껴졌다. 내가 나를 구속했고 또 내가 나를 풀어준 셈이다.

미완성의 고행이요 스스로 선택한 하산이기는 했지만 일주일 동안 한 번도 거르지 않고, 삼천 배를 실천했던 것은 큰 자신감이 되었다. 호연지기(浩然之氣)가 생겼고, 황홀한 기분이 가슴을 가득 채웠다.

집에 돌아오니 전보 한 장이 와 있었다. 모 대학에서 와달라는 내용이었다. 그렇게 1969년 전임강사가 되어 강단에 처음 서게 되었다.

지금도 그때 일을 떠올리면 기도의 힘이 인연을 맺게 했다는 마음이 든다.

학생들에게 '철학 개론'을 가르치면서 박사학위 공부를 했다. 대학원 때 논문 주제였던 서양 윤리학에서 성리학인 율곡 철학으로 전환했다. 직관의 맛이 굉장히 깊어 당시 내가 겪었던 체험에서 서양 철학을 더 지속할 수는 없었다.

선의 세계와 염불의 세계가 아주 간절하게 다가왔다. 수행을 통해 작은 빛이라도 봐야 진정한 삶이지 다른 사람의 사상을 지식으로 전하는 것은 의미 있는 삶이 아니라는 확신이 들었던 것이다.

나는 궁극적으로 불교의 깨달음, 즉 자유인을 지향했지만 당시 동국대학교에서는 성리학을 전공한 사람이 없었다. 우리나라 성리학은 불교의 영향을 상당히 받아 불교적 지식이 바탕이 되면 훨씬 이해하기 쉬웠다. 불교의 영향을 받은 가장 대표적인 성리학자는 율곡 이이 선생이다. 나는 어린 시절 가학으로 율곡 선생의 사상을 자주 접했다.

1977년 동국대학교 교수로 옮겨오면서 성리학을 강의하기 시작했다. 박사학위 논문을 쓰려면 여유 있는 시간이 필요했다. 타이완의 국립타이완대학 철학연구소로 유학을 떠났다. 그곳에서 일 년 동안 있으면서 〈율곡 철학 연구〉라는 논문을 썼다.

그런데 퇴계 선생의 사단과 칠정에 대한 율곡 선생의 반론이 문제였다. 퇴계 선생은 사단이 이발기수지(理發氣隨之, 이치가 먼저 발하고 기가 따른다)이고 칠정은 기발이승지(氣發理乘之, 기가 먼저 발하고 이치가 올라탄다)로 밝혔으나 율곡 선생은 이발기수지는 없으며, 기발이승지만 있다는 근거로 이통기국(理通氣局, 이치는 하나로 통하고 기는 개별적이고 국한적으로 존재한다)을 제기했다. 도무지 이해가 되지 않았다.

거의 보름 동안 식음을 전폐하다시피 하며 생각에 골몰했다. 불교에서는 마음은 하나이나 그 마음에 의해 이뤄지는 각양각색의 생각, 정은 수없이 많다고 가르친다. 하기는 번뇌, 망상이 모두 마음의 소산이고 슬픔, 기쁨도 모두 마음 아닌가? 이 마음을 일으키는 본마음이 이(理)이고 기쁨, 슬픔 같은 개별적인 마음은 기(氣)가 아닌가? 무상(無常), 무주(無住)의 일심(一心)이 이통(理通)이고 일심에서 나온 번뇌, 망상, 정감 등은 기국(氣局)이 아닌가?

번뇌 속에 보리가 있고, 망상이 가라앉으면 곧 깨달음이 아니던가? 나는 불교적 관점에서 이통기국을 이해하면서 새로운 정신적 지평이 열리는 경험을 하게 되었다.

이때부터 성리학의 성즉리(性卽理)와 불교의 일심과 각(覺)의 사상을 서로 비교할 수 있다고 생각했고, 유학이든 불교든 실천 수행에 의한 체험이 전제되지 않으면 학문으로서 얻은 것이 없다고 믿었다.

성즉리란 인간의 본성은 인의예지(仁義禮智)이지만 이는 무형, 무취한 것임을 뜻한다. 그렇기에 리이다. 그러나 이를 실천하는 것은 우리의 마음이다. 측은한 마음이 있다는 것은 인이 있기 때문이고, 자기의 결점을 부끄러워하고 남의 나쁜 점을 미워하는 마음은 의가 있기 때문이다.

이러한 근본적인 마음이 단서가 된다는 것이다. 시비지심(是非之心)은 지(智)의 단서이고, 사양지심(辭讓之心)은 예(禮)의 단서다. 모두 마음에서 비롯된다는 일체유심조(一切唯心造)다. 성리학에서는 이러한 네 가지 마음에서 일어난 것이 도덕적으로 확실하게 존재한다고 보는 것이다. 그러나 불교에서는 이러한 마음이 본래 인연에 의해 나타난 것으로 실재하지 않고 마음까지도 공(空)한 것으로 이해한다. 따라서 성리학에서 도덕적 죄가 성립하지만 불교에서는 죄가 없고 자비만 있게 된다.

나는 이러한 관점을 기초로 유학과 불교를 비교하는 작업에 몰두했다. 그리고 《한국의 유불 사상》이라는 책을 펴내게 되었다. 또한 일심을 찾기 위해 평생 불교적 체험에 힘을 쏟았다.

돌이켜보면 어떻게 살 것인가라고 내가 일생을 매달렸던 명제는 윤리학, 성리학, 불교로 이어져오면서 체험의 철학으로 완성되었다고 할 수 있다. 일생 동안 나의 철학이 걸어온 길의 종착역은 바로 여기, 체험의 철학이다.

나는 요즘도 조문도석사가의(朝聞道夕死可矣), 즉 아침에 도를 깨치면 저녁에 죽어도 좋다는 말을 되새기며 생활하고 있다. 그리고 평생을 닦아야 할 과제로서 사무사(思無邪, 생각에 삿됨이 없는 것)를 매일 화두처럼 쥐고 있다. 그것이 내가 평생을 지향해온 삶의 자세다.

2장

자연의 소리를 듣는다

어렸을 적 여름에 비가 오는 날이면 마루에 앉아 처마 끝에서 떨어지는 물이 물방울이 되어 떠내려가다가 터져버리고 또다시 물방울이 생겨 터져버리고 하는 모습을 홀로 하염없이 보는 습관이 있었다. 그때마다 마음속으로 이번에 생긴 물방울은 얼마나 멀리 흘러갈까 생각하기도 했고, 어떤 때는 내가 보는 동안 터지지 않았으면 기대하기도 했다.

물방울이 처마 끝에 떨어지는 빗물에 툭 터지기라도 하면 마치 마지막 하나 남은 홍시를 벗겨 먹으려다 땅에 떨어뜨린 것 같은 아픔을 느끼기도 했다.

가끔 어머니를 따라 절에 가면 혼자서 요사채 마루에 앉아 풍경을 바라보던 기억도 난다. 어머니가 기도를 마치고 돌아오는 긴 시간의 지루함을 풍경을 바라보면서 이겨낸 것이다.

때때로 풍경을 바라보면서 그 움직임에 몰두할 때도 있었다. 풍경에 매달린 붕어가 내 마음대로 내가 원하는 방향으로 움직이고 정지해주기를 바라며, 나의 마인드 컨트롤 능력을 시험하기도 하는 것이다.

풍경 속의 붕어는 바람이 부는 방향에 따라 움직이면서 나에게 말을 건다. 어떤 때는 붕어가 나를 향해 얼굴을 내밀고 한참 대화를 하기도 하고, 어떤 때는 매정하게 돌아서기도 하며, 또 어떤 때는 내 앞으로 올 듯 말 듯 줄다리기를 하면서 조급증을 나게 만들기도 한다.

그러면 나는 붕어가 내 앞으로 돌아오도록 마음으로 힘을 보낸다. 그러면 어떤 때는 내 마음의 축원이 이뤄진 듯 빙빙 돌던 붕어의 얼굴이 내 앞으로 다가오는데 그때는 짜릿한 쾌감마저 느끼게 된다. 그러나 내게 다가오는 듯하다가 잠시 스쳐 지나가버리면 늘 지니고 다니던 물건을 잃어버린 것 같은 허전함을 느끼게 된다.

풍경에 매달린 붕어가 내 마음에 의해 움직이는 것이 아니라 바람에 따라 움직이는 것은 분명한 일이지만 내 마음과도 깊은 관계를 맺고 있다는 것도 부정할 수 없다. 이런 추억들이 쌓여서 나는 풍경을 보는 일과 풍경 소리에 큰 애정을 갖게 되었다.

세월이 흘러 풍경을 보면서 마인드 컨트롤 시험은 하지 않는다. 지금은 그저 그 시절의 추억 탓인지 지금도 취미라고까지 할 것은 없지만 절을 다닐 때면 항상 풍경의 모습을 살피게 된다. 그리고 밤이 깊어졌을 때나 새벽, 잠들기 전 일부러 귀를 기울여 풍경 소리를 듣는 습관이 생겼다.

어느 날은 풍경을 보면서 문득 육조 혜능 스님의 말씀을 떠올린 적이 있다. 두 스님이 깃발을 두고 논쟁이 붙었는데, 바람에 깃발이 펄럭이는 모습을 보고 한 스님은 바람이 움직이는 것이라고 주장하고, 다른 스님은 깃발이 움직이는 것이라고 우겼다. 이때 스승인 혜능 스님이 끼어들었다.

움직이는 것은 바람도 아니고 깃발도 아니다. 그대들의 마음이 움직이는 것이다.

풍경 속의 붕어가 움직이는 것도 참으로 움직이는 것은 마음일 뿐이다. 그렇기에 풍경 소리를 듣고 있을 때도 내 마음이 고요하고 비어 있을 때는 참된 소리가 들리고 참된 마음을 볼 수 있는 것이다. 바람이 불고 풍경이 흔들릴 때 내 마음이 거기에 있지 않으면 볼 수도 들을 수도 없는 것이다. 따라서 내가 풍경 소리를 듣는다는 것은 이미 내 마음을 찾은 것이다.

다른 사람들에게는 어떻게 들릴지 모르겠지만 물방울을 바라보는 쓸쓸함이나 풍경 소리를 들으면서 느끼는 적적함이 결코 나의 마음을 상하게 하지 않는다. 오히려 내 마음을 풍성하게 만드니 나에게는 큰 하나의 마음의 양식인 셈이다.

풍경은 처마 끝에 매달려 있다. 그 모습은 다양하지만 대부분 종 안에 붕어를 달아 붕어가 바람에 흔들리면서 소리를 내게 되어 있는 것이 일반적인 특징이다. 붕어의 흔들림을 통해 바람의 방향과 바람의 속도, 강도를 알 수 있다. 바람이 강하게 부는 날의 풍경 소리는 아무런 의미가 없다. 소리만 컸지 쓸쓸하고 적막한 특유의 느낌을 전해줄 수 없다.

반면 바람이 솔솔 부는 날의 풍경 소리는 무한한 외로움의 심연에 빠지게 한다. 내가 풍경 소리를 즐겨 듣는 이유가 어쩌면 쓸쓸함, 적막함, 외로움, 고독 같은 감정을 느끼고 싶은 충동 탓인지도 모르겠다.

대부분의 사람은 홀로 있는 것과 그로 인한 쓸쓸함을 싫어하는 것 같다. 그러나 이 쓸쓸함과 외로움이 없다면 인간의 내면은 성숙해질 수 없고, 자신의 오만함에 대한 자각이 일어날 수도 없다.

그래서 나는 이런 감정을 오히려 소중하게 간직한다. 어느 산사(山寺)든 가서 처마 끝에 홀로 앉아 풍경을 보고 그 소리를 들어보라. 지금껏 속세의 티끌에 더렵혀진 마음이 깨끗해지고 여름에 땀을 흠뻑 흘린 후 한기(寒氣)가 서리듯 시원해지는 것을 느낄 것이다.

대추나무에 열린 마음

예전에 살던 집 마당에는 대추나무 한 그루가 있었다. 나는 그 대추나무를 하염없이 바라보면서 상념에 빠진 적이 있다. 대추나무에는 언제부터인가 빨간 대추 한 알과 몇 장의 누런 잎이 매달려 있다. 그동안 몇 번의 눈도 내리고 비도 내렸건만 좀처럼 떨어질 조짐이 없다. 나는 아침에 산에 올라갔다 오면 하루 해가 지난 오늘도 대추와 대추나무 잎이 건재해 있는지 확인하는 습관이 있었다.

오 헨리의 《마지막 잎새》를 떠올려보기도 하지만, 이내 그런 우울한 상상은 빨리 지워버리기로 마음을 고쳐먹는다. 오히려 끈질긴 생명의 힘을 더욱 깊게 느껴보려고 한다. 사람들은 모두 자신만을 생각한다. 그러나 이 우주에는 사람만이 살고 있는 것이 아니다. 이 우주 안에는 하늘이 있고, 땅이 있고, 자연이 있고 사람이 있다. 우리는 자연과 더불어 살고, 자연의 힘을 거역할 수 없다. 그럼에도 불구하고 자연을 나 밖의 타자로만 생각하는 습성을 쉽게 버리지 못한다.

자연(自然), 말 그대로 스스로 늘 그렇게 있다고 하는 것은 시간과 밀접한 관련이 있다. 시간이 없다면 자연의 의미는 퇴색될 것이다. 시간을 통해 자연을 볼 수도 있고, 자연을 통해서 시간을 볼 수도 있다. 여름의 무성하고 푸른 나뭇잎들이 가을이 되면 누런 낙엽이 되고, 낙엽이 떨어져 바닥에 밟히는 시기도 잠시, 나뭇가지가 앙상한 겨울이 오고, 다시 새싹이 돋아나는 봄이 온다. 새싹은 지난가을과 겨울에 쌓였던 낙엽 속에서 기지개를 펴고 솟아난다. 이렇게 시간을 따라 자연의 신비가 드러난다.

인간사의 많은 일이 욕망이 불붙어 서로 다툴 때는 악마와 천사가 서로 교차되지만, 그 모든 것이 지나간 텅 빈 가슴속에서는 아무것도 아닌 것이 된다. 시간이 지나면 모든 것이 자연으로 돌아간다. 그 자연의 모습 속에서 생명의 심오한 환희를 느낄 수 있다.

자고로 성현들은 이러한 진리를 터득하고 있었다. 그렇기에 우리에게 텅 빈 마음을 가지도록 항상 가르쳤다. 그러나 우리 같은 범부(凡夫)들은 일이 지나가고 난 후에 후회하기 일쑤다.

왜 모든 권력이나 명예나 재물에 대해 초연하지 못할까?

사람들은 소리 높여 부르짖는다. 나라를 위해 권력을 가지려 하고, 국민을 위해 정권을 창출할 것이라고. 그러나 조금만 들여다보면 그런 명분을 내세우지 않는 사람은 없다. 왜 나는 나라와 국민을 위해서 권력을 갖지 않겠다는 말은 하지 않는가? 왜 자연스러움으로 돌아가지 못하는가? 왜 있는 그대로 내버려 두는 무소유의 마음으로 돌아가려 하지 않는가?

《금강반야바라밀다경》이라는 불경이 있다. 풀이하면 금강석같이 단단해 부서지지 않는 지혜로 피안에 도달하는 진리의 말씀이 적힌 책이다. 여기서 피안에 도달한다는 것은 지혜의 완성이다. 그런데 이 경에서는 지혜를 완성했다고 생각한다면 그것은 어둠에 떨어지는 것이라고 말한다.

나는 불교에서 말하는 부처님의 깨달음이 우리 마음속 어느 곳에 있는 것으로 착각했었다. 그래서 깨달음의 세계를 관념화할 수 있다고 믿었던 적도 있었다. 그런데 경전을 오랫동안 읽으면서 조금씩 다른 생각을 갖게 되었다. 과연 깨달음이 어떤 고정된 상태일까? 깨달음은 어떤 형상을 가질 수 있는 것인가? 지금에서는 깨달음이 어떤 의식, 형상, 상태라고 여겨지지 않는다.

깨달음은 자연스러운 실천이다. 그것을 이 경전에서는 머무름이 없이 마음을 내는 것[應無所住而生其心]이라고 했다.

또한 머무름이 없는 마음이라는 것은 어떤 형상을 붙잡고 있는 것이 아니라 모든 것을 편안하게 해주라는 것이다. 편안하게 해주는 것은 형상, 소리, 향기, 맛, 감촉, 어떤 특정한 진리라고 말하는 것들에 유혹되어 머무르는 것이 아니라, 텅 빈 마음으로 보답을 바라지 않는 마음으로 살아가는 것을 말한다. 곧 자기중심적인 생각을 버리는 것이다. 자기중심적인 사고가 없을 때, 참다운 나눔이 있는 것이다. 그것이 자연이다.

우리 집 대추나무에 매달린 저 빨간 대추 한 알이 만약 계속 해서 매달리고 싶다거나 떨어지고 싶다고 생각한다면 그것은 자연스럽지 못할 것이다. 자신이 원치 않는 시기에 대추는 누군가의 손에 의해 떨어질 수 있을 것이다. 거기에서, 그 자연스럽지 못한 마음에서 괴로움이 생긴다.

매달리는 것도 자연이요, 떨어지는 것도 자연이다. 이 둘을 분별하면 다툼이 생긴다.

분별없는 자연에 우리가 찾아야 할 참된 삶이 있다. 아무런 욕심 없이 대추 한 알이 매달려 있다.

산안(山眼)에서 심안(心眼)으로

세상이 어수선하기 짝이 없다. 사람들은 모두 자신이 제정신으로 살아간다고 생각하겠지만 가끔 보면 모두 제자리를 찾지 못하고 그저 빙글빙글 도는 것으로 보일 때가 많다. 이렇게 말하면 나 자신인들 뭐가 나으랴 싶기도 하지만, 그래도 세상이 어떻게 되어야 하고 세상을 어떻게 봐야 하는지에 대해 충분히 생각해볼 필요는 있다.

우리는 언제나 무엇이 되려고 하고, 무엇을 성취하려 한다. 그리고 그 성취욕을 향해 끊임없이 달려간다. 그러나 그 달려가는 곳이 어디인가? 멀리 뛴 것 같지만 결국 한 점의 마음속에서 발버둥친 것에 지나지 않는다.

며칠 전 마곡사에 간 일이 있다. 사찰의 고풍스러운 모습이 역력했고, 사찰 내로 흐르는 물에는 피라미들이 유유자적하며 떼를 지어 몰려 다녔다. 한참 동안 그 모습을 보고 있는데 어떤 관광객이 돌을 던져 물고기들을 혼비백산하게 만들었다. 처음에는 그 돌을 던진 사람이 무척 괘씸하기도 해 한마디 쏘아붙여 주고 싶었다. 하지만 물고기는 소리 없이 어디론가 사라졌고, 여전히 말없이 흐르는 물을 보자 내 마음속에 일어난 파문은 저절로 차츰 사라져갔다.

법당에 참배를 하고 H스님과 환담을 나누던 중 한 호기심 많은 R이라는 중년 신사를 소개받게 되었다. R선생과 세상만사를 이야기하다 풍수지리에 대한 말이 나왔다. R은 오랫동안 이 자연의 오묘한 신비에 호기심을 갖고 풍수지리를 공부했다고 한다. 그런데 아무리 이론적으로 공부를 해도 산안(山眼)이 열린 사람은 당할 도리가 없다는 것이다.

전라도에서 올라온 어떤 풍수가가 있었다. R을 포함해 이론이 해박한 사람들이 모여 오랫동안 심혈을 기울여서 찾은 훌륭한 혈을 발견하고 그 자리는 숨겨놓은 다음 그 자리에서 약 일 미터 떨어진 곳에 표시를 해놓았다.

그런데 그 풍수가는 전후좌우의 산세도 보지 않고, 그들이 본래 찾은 혈 자리를 정확히 짚어냈다고 한다. 그래서 어떤 근거로 찾았는지 학설을 물어보면 학설에 대해서는 전혀 아는 바가 없었다고 한다.

이렇게 어떤 학문적인 공부 없이도 산을 잘 보는 사람을 산안이 열렸다고 한다. 산안뿐 아니라 육안(肉眼), 법안(法眼), 불안(佛眼)도 있다. 육안이란 육체로서의 눈을 말하고, 법안 혹은 불안이란 진리의 눈을 말하니 부처님의 눈으로 일체의 실상을 알아내는 눈을 말한다.

아무리 이론적으로 뛰어나도 지혜가 없으면 자유자재하지 못한다. 이런 지혜란 그저 얻어지는 것이 아니다. 각고의 노력 끝에 천신만고를 극복하고 나서 가능한 것이다. 그렇게 되려면 먼저 마음의 문을 열어야 한다. 마음이 한쪽으로 치우치면 전문가는 될 수 있을지 모르지만 전체를 환히 보는 법안을 가질 수는 없다.

마음의 문을 열려면 집착을 놓을 줄 알아야 한다. 내가 아니면 안 되고 내가 제일이고 내 생각이 모두 옳다는 집착을 놓지 못해 온 세상이 벌집 쑤신 것처럼 시끄럽고, 불난 집처럼 아우성이다.

일본의 어느 선사(禪寺)에 당대의 이름난 정치인이 찾아와 스님 앞에 앉아서 법문을 구했다. 선사는 찻잔에 차를 따르고 있었다. 그런데 차가 철철 넘치는 데도 계속 따르고 있었다. 정치인은 그 모습을 보고 깜짝 놀라 말했다.

"아니 스님, 찻잔에 차가 넘치고 있지 않습니까?" 하고 덥석 손을 잡았다. 그러자 차를 따르던 스님은 "당신 마음도 이렇게 차고 넘치는데 무슨 법문을 듣겠는가? 먼저 마음을 비우고 오너라!" 하고 벽력같이 소리를 질렀다고 한다.

산을 보는 이론은 넘친다. 못 미치는 것을 따지고, 채우는 방법을 따진다. 그러나 산은 그 스스로 한 번도 넘친 적도 모자란 적도 없다. 타고난 풍수가가 이론을 배우지 않고도 좋은 혈 자리를 찾은 것은 이것저것 분별해 따지지 않고, 산과 자신이 하나가 된 덕분이 아닐까? 그렇게 심안이 열려 있어 산안도 열린 것이리라.

우리도 마음을 좀 비워보자. 그러면 세상을 보는 눈이 열리지 않겠는가?

자연에서 배우는
결정의 철학

인간의 삶에는 여러 가지 시련과 장애가 따르기 마련이다. 이러한 시련과 장애를 어떻게 잘 극복하고 삶을 전환하는 결정을 내리느냐에 따라서 인생의 성패(成敗)가 결정된다.

고통과 고난이 다가오면, 그것을 당하는 입장에서는 나만 이런 고통을 느낀다고 여기고, 강렬한 현재성 때문에 부지불식간에 큰 충격을 느끼고 거기에 함몰되어 이성을 잃어버리게 된다. 그러나 지금 여기에서 겪게 되는 충격적인 고난에 대해서 조금만 곰곰이 생각해보면, 그것이 어떤 사건이든 간에 그것이 우연에 의해서 갑작스럽게 일어난 사건이 아니라는 것을 알 수 있다. 사실은 오래전부터 일어날 조짐이 계속 되어오다가 그 결과가 지금 드러났을 뿐이다.

자연을 보라. 장미꽃이 오늘 아침에 피었다고 그것이 오늘 갑작스러운 우연에 의해서 핀 것이 아니다. 오래전부터 잎이 푸르렀고, 봉우리가 생기며 준비를 하다, 햇살이 따사로워지자 적절한 때를 맞이해 지금 피어난 것이다.

우리에게 닥쳐온 시련은 오래전부터 그 씨앗을 잉태하고 있었다. 모든 것이 순간처럼 보일지라도 그 순간은 먼 과거와 오랫동안 연결되어 있는 것이다. 따라서 순간은 영원의 한가운데 있는 것이다. 또한 영원은 순간이 없이는 존재할 수 없다.

《중용》에 이런 문구가 있다.

기쁨과 노여움과 슬픔과 즐거움이 나타나지 않은 것을 중(中)이라고 하고, 나타나서 모든 것이 절도에 맞는 것을 화(和)라고 한다. 중이라는 것은 천하의 큰 근본이며, 화라는 것은 천하를 통달한 것이다.

기쁨과 슬픔이 나타나지 않은 것을 중이라 하는데, 아직 드러나지 않았지만 나타날 기미가 있다는 것이요, 그것이 나타나서 절도에 맞게 되면 화라고 한다는 것이다. 따라서 중과 화는 결코 떨어질 수 없는 것이다. 자연의 이치는 저절로 중화가 이뤄지지만 마음의 중화는 인간이 스스로 결정지어야 한다. 이 시점에서 인간이 덕을 닦는 수행이 요청되는 것이다.

희로애락의 어떤 감정이든 감정이 일어나기 전의 중을 지키고, 감정이 이미 일어나고 난 이후에는 겸허한 자세로 절도에 맞아야 하는 것이다. 고요히 앉아 천지 사이에 내가 어떤 마음을 갖고 살아가는지 성찰하는 가운데 천지와 조화를 이룰 수 있다.

한편 "도라는 것은 찰나(刹那, 순간보다 짧은 시간)도 떨어질 수 없으니 떨어지면 도가 아니다"라는 말도 있다. 자연을 보면, 멸과 생이 있다. 생멸(生滅)의 변화가 없다면 자연이 아니다. 낳고 낳는 것이 자연이지만 또한 멸함이 없이는 생함이 없다. 이러한 생멸의 이치가 어찌 한순간인들 쉴 수 있겠는가?

인간에게도 자연과 같이 찰나도 떨어질 수 없는 도가 있으니 그것은 곧 윤리, 도덕성이다. 윤리의 근본은 무엇인가? 바로 사람을 사랑하라는 것, 애인(愛人)이라는 인의(仁義)의 도다. 인의를 따르면 자연스럽게 공경하는 마음이 생긴다.

이 인을 지키려면 한순간도 쉴 수 없으니 홀로 있을 때 삼간다고 하는 것이다. 그것이 신독(愼獨)이다. 나 혼자 생각이라고 해서 언제까지나 비밀로 감출 수 없다. 한 생각이 이미 일어나면 그것은 천지간에 나타난 것으로 모두에게 알려진 것이나 마찬가지다.

자연은 사심이 없기에 도가 찰나에도 떨어지지 않지만 인간에게는 사심이 있어 도가 끊어질 수 있다. 순간의 연속이 영원이니, 매 순간에 정성을 들여야 한다. 그것을 경(敬)이라고 한다. 따라서 인간에게 순간을 올바르게 살아가는 중화의 도는 인의와 경을 통해서 가능한 것이다.

순간은 곧 영원으로 흐르는 길이다. 바로 지금은 단절된 것이 아니라 끝없는 인과의 연속이다. 우리는 늘 영원만을 그리워하지만 영원은 순간이 없이는 아무런 의미가 없다. 따라서 자신에게 닥쳐온 매 순간을 어떻게 지내는지가 삶을 잘 살아가는 관건이다. 어떤 순간이든 함양(涵養, 능력과 성품을 기르고 닦는다)하는 지혜가 필요하다. 견디고, 참고, 기다리는 여유를 간직해야 한다.

사람들은 순간을 잘 살라고 하면 매 순간의 결정을 분석하려고만 한다. 그러나 매 순간에 올바른 방향으로 나아가는 결정은 분석하고, 분별하는 데서 나오는 것이 아니다. 오히려 생각을 순수하게 거짓 없이 가라앉힐 때 영원을 향하는 위대한 결정이 나온다.

한편으로 역사적 교훈은 우리에게 새 길을 모색할 수 있게 한다. 따라서 역사를 통해 통찰력을 길러야 특정한 순간에 바른 결정을 내릴 수 있다. 개인의 역사, 사회의 역사, 국가의 역사는 각 주체의 순간적인 결정을 보조해준다. 순수하고 고요한 마음가짐으로 역사의 맥을 살필 때, 모든 순간에 바른길을 선택하고, 순간 속에서 영원의 호흡을 발견할 수 있을 것이다.

결론적으로 자연의 모습을 본받아 매 순간을 함양하고 순수함을 유지하며 지나온 시간을 꿰뚫어보는 통찰력을 가질 때 올바른 삶의 결정을 내릴 수 있는 것이다.

캠퍼스의 가을

캠퍼스에 가을이 짙어가는 것을 하염없이 바라본다. 계절마다 느낌이 다르지만 평생을 강단에서 보낸 경험으로 비춰보면 대학에 가장 잘 어울리는 계절은 가을이 아닐까 한다.

봄의 화사함도 새내기들로 가득한 대학가의 분주함과 싱그러움에 잘 어울리지만, 깊이와 무게감은 가을만 못한 것이다. 봄이 부지런함이라면 가을은 느림의 미학이다. 젊은이들이 느끼는 고뇌와 학문 연구의 어려움은 사색과 상념의 가을 분위기와 매우 잘 어울린다.

물론 1960년대나 1970년대를 풍미하던 검은색으로 물들인 군복 바지나 청바지에 통기타로 대표되던 낭만주의에 젖은 대학생들은 찾아보기 어렵지만 젊음의 활기와 의욕은 여전히 면면히 흐르고 있다.

　단풍이 붉게 물들고, 낙엽이 뒹구는 교정을 거닐다 보면 사색이 깊어질 수밖에 없다. 봄은 산 밑에서 오고, 가을은 산 위에서 온다고 한다. 삶으로 비유하면 하산 길의 아름다움이다. 이런 가을의 풍경은 나이가 들수록 인생을 바라보는 시선이 겸손해져야 한다는 지혜를 떠올리게 한다. 봄이 모차르트 같은 경쾌함이라면 가을은 베토벤을 닮은 장엄함이다. 낙엽 태우는 냄새를 맡게 되면 누구나 한 번쯤 삶의 의미를 곱씹어 보고, 인생을 되돌아보는 경험을 하게 된다.

　그 곡절 많은 사랑은
　기쁘던가 아프던가

　젊어 한창 때
　그냥 좋아서 어쩔 줄 모르던 기쁨이거든
　여름날 헐떡이는 녹음에 묻혀들고
　중년 들어 간장이 저려오는 아픔이거든
　가을날 울음빛 단풍에 젖어들거라

　진실로 산이 겪는 사철 속에
　아른히 어린 우리 한평생

그가 다스리는 시냇물도

여름에 시원하고

가을엔 시려오느니

사랑을 기쁘다고만 할 것이냐

아니면 아프다고만 할 것이냐

—박재삼, 〈산에서〉

봄 산은 꽃이 피고, 무성한 신록으로 이어진다. 그러나 가을의 단풍은 낙엽으로 볼품없이 퇴색되어간다. 자연의 순환에 따른 엄연한 이치다. 그래도 가을이 가을답게 보이는 시기는 낙엽이 지고 앙상한 가지들만 남는 겨울을 날 채비를 할 때다.

송죽(松竹)의 푸르름은 모든 나무가 잎을 떨군 한겨울이 되어야 비로소 드러나듯 사람의 참모습도 어렵고 힘들 때 나타나는 법이다. 옛 선인들도 어려울 때라야 그 사람의 진면목을 알 수 있다고 하지 않았는가? 예나 지금이나 인생살이의 변함없는 진실이다.

인생의 가을은 사람을 아프게 한다. 그리고 그만큼 훨씬 성숙하게 한다. 캠퍼스 젊은이들의 표정에도 우수(憂愁)가 깃든다. 청년 실업의 불안 탓이기도 하겠지만, 삶에 대한 깊은 자각에서 비롯된 것이다. 이러한 가을의 힘은 인생이 지닌 공허함과 무상함을 느끼게 하고, 우리 곁의 그늘지고 소외된 곳을 돌아보게 만드는 힘이 있다. 그래서 가을과 겨울을 견딘 사람과 그렇지 않은 사람은 내공부터 확연히 차이가 난다.

해마다 늦가을과 초겨울의 갈림길에 서면 서산 대사(휴정 대사)의 한시가 떠오른다. 가을이라는 계절의 특성 탓인지 시가 전하는 울림과 향도 더욱 크고 진하다.

천 가지 계책과 만 가지 생각들
불타는 화로 속 한 점 눈이라네
진흙으로 빚은 소 물위를 가고
대지와 허공이 찢어지는구나

아등바등 남보다 더 가지려고 높은 자리에 오르려고 안간힘을 쓰지만 돌아보면 모두 부질없다는 얘기다. 화롯불에 떨어진 눈송이는 모두 녹아버리고, 진흙으로 빚은 소가 물위를 걸으니 그 형체를 어디서 찾을 수 있겠는가. 부질없는 재물과 권세에 연연하지 말라는 지혜의 경구다.

삯바느질로 살아온 할머니, 포장마차에서 떡볶이·김밥을 팔아서 생계를 유지해온 우리 시대의 어머니들이 평생 모은 돈을 사회에 기부하는 것도 가을의 이치를 알기 때문이다. 어려운 사람들과 나누고 베풀 수 있는 것은 언젠가 인생이 낙엽처럼 덧없이 스러져간다는 것을 깨달았기 때문이리라. 자신이 호의호식하기보다 더 어려운 이웃을 위해 아낌없이 전 재산을 내놓은 것은 인생에 대한 깊은 성찰의 결과임이 틀림없다.

캠퍼스 잔디 위에 다시 황금물결이 찾아왔건만 고뇌에 찬 낭만적이고 철학적인 대학생은 쉽게 찾아보기 어렵다. 그것은 청년 실업이라는 문제를 해결하지 못한 기성세대의 탓이기도 하다.

목구멍이 포도청이라 당장의 밥벌이 문제를 해결하기에도 어려운 그들에게 사회의 그늘진 구석과 낮은 곳을 돌아보고 인생에 대한 진지한 성찰을 권하는 것이 무의미한 일일지도 모르겠다.

그러나 예전보다 훨씬 똑똑하고 영리해진 우리 시대의 젊은이들이기에 일말의 희망을 품고, 한 번쯤은 가을을 깊이 느껴보라고 권하고 싶다.

봄, 여름, 가을, 겨울이 이어지는 평범한 세월 속에서 나는 삶의 경이로움을 느낀다. 지난겨울은 춥고 눈이 많이 왔다. 봄이 비집고 들어올 어떤 틈도 없는 듯한 겨울이었다.

그래도 기어이 봄은 온다. 캠퍼스에 내리쬐는 햇살은 온기를 머금었고, 새싹은 빼꼼히 얼굴을 내밀었다. 속세에 사는 우리들은 겨울이 되면 보일러의 온도를 높이고, 봄이 되면 두꺼운 옷을 가벼운 옷으로 갈아입는 정도로 세상의 변화에 맞춰서 살아간다.

법정 스님은 《봄, 여름, 가을, 겨울》이라는 책에서 단순히 자연 예찬이나 계절을 감상하는 것을 넘어 속인들이 지나치는 작은 사건에서 깊은 생의 의미를 찾아낸다.

법정 스님의 눈으로 바라보는 자연과 인간의 모습에는 평범함이 없다.

스님의 책을 엮은 류시화 시인이 고백하듯 스님은 자연에 대해 말하는 사람이 아닌 자연과 말을 하는 분이다.

자연은 말없이 우리에게 많은 깨우침을 준다.

자연 앞에서는 우리가 알고 있는 얄팍한 지식은 접어둬야 한다.

그리고 입을 다물어야 한다.

그래야 침묵 속에서 우주의 언어를 들을 수 있다.

삶은 고통으로 가득 차 있지만 동시에 많은 경이로움으로 가득하다. 고통만이 전부가 아니기에 우리는 삶의 경이로움들과도 만날 수 있다. 법정 스님은 그 경이로움이 우리 안에 있고 모든 사람과 모든 장소에 있다고 했다.

연일 매스컴에서 보도되는 끔찍한 사건 사고에 대한 소식을 들으면 이 세상은 얼마나 혼란스러운가. 하지만 그럴 때일수록 자연으로 눈을 돌려보자.

봄에는 감자꽃과 싸리꽃의 아름다움을 보고, 여름이면 맨발로 밭에 들어가 흙에 살을 부대끼며, 가을에는 나뭇잎을 스쳐가는 살랑거리는 마른 바람 소리를 듣고, 추운 겨울밤에는 잿빛 토끼에게 고구마를 내어주며 사는 삶이다.

그런 법정 스님의 삶을 조금이라도 닮아보도록 노력하자.

우리 내면에 숨은 대자연의 충만함과 경이로움을 회복할 수 있
을 것이다.

生
命
에
의

외
경

안성 근처의 칠장사(七長寺)라는 절을 다녀온 적이 있었다. 본
래 안성 쪽은 산이 별로 없었지만 칠장사가 있는 산은 매우 높
았고 계곡도 드문드문 있었다. 그런데 칠장사로 가는 협곡의
좌우 소나무가 솔잎벌에 죽은 지가 오래였으니 그 모습은 마치
노인 얼굴에 검버섯이 피어난 듯했다. 명백한 인재(人災)가 일
어나는 현장이었다.

골프장을 만든다고 산중턱을 파헤쳐 길을 만들고 곳곳에
발파로 인한 돌들이 여기저기 흩어져 있었다. 붉은 흙들이 드
러나면서 마치 전쟁터 같은 느낌마저 들었다. 나도 모르게 옛
날 어느 영화에서 일본군이 독립운동가의 가슴을 일본도로 가
로질러 선혈이 낭자하던 모습이 떠올랐다. 산허리를 굴착하고

도로를 내는 것이 사람의 허리를 칼로 자른 것과 무엇이 다르랴 싶었다.

함께 갔던 사람들은 모두 비분강개했지만 한숨만 내쉴 뿐 어느 누구도 신통한 대책을 내놓지 못했다. 자연경관 훼손이 어디 한두 군데인가? 온 나라가 이 지경이니 어디서부터 손을 써야 할지 모르겠다는 것이 중론이었다.

오대산의 절경도 훼손된 지 오래다. 어느 기업이 오대산을 마구잡이로 개발하면서 오대산 부근의 맑은 물과 기암괴석이 모두 없어졌고, 심지어 화전민 집단 이주 지역인 농가들은 별장으로 둔갑했으며, 맑은 계곡물이 흐르던 곳은 온통 주차장, 휴게소 따위의 인공물로 바뀌고 말았다.

어떤 사람은 북한산의 고목을 살리기 위해 죽음을 각오한 단식을 결행하는 일도 있었다. 하지만 그런 비장한 자연보호 운동은 경제 발전을 위한 개발이라는 추세에 밀려 결국 흐지부지되기 일쑤다.

이제 이런 자연환경 훼손에 대해서 모두가 무감각해지는 것 같다. 사회 지도층이 무감각에 빠져 있으니 상탁하부정(上濁下不淨, 윗물이 탁하면 아랫물도 맑을 수 없다)이라고 해서, 사회가 전체적으로 무너지는 것이다.

불교는 인간이나 자연을 있는 그대로 관조하라고 한다. 모든 태어난 것을 존중하라고 한다. 일체중생을 죽이지 말라는 불살생의 계율은 인간만이 아니라 초목 하나하나에까지 해당

되는 것이다. 불교는 만물을 하나의 생명으로 파악하고 있기 때문이다.

인간이 살려면 인간이 살아가는 삶의 환경을 먼저 살려야 한다. 환경이 죽고 나서는 내가 살 도리는 없다. 인간뿐 아니라 모든 존재에 인과 법칙이 적용되고 있다. 자연이라는 생명을 파괴하면 인간이라는 생명도 그에 상응하는 보복을 받게 되는 것은 당연한 일이다. 자연의 보복을 왜 두려워하지 않는가?

이 지구촌이 나만, 우리 세대만 살고 사라질 곳인가? 자연에 대한 경외심을 가져야 한다. 불교의 보살행도 자연 보존의 기도와 연결되어야 한다.

조선 시대 초계 스님이 있었다. 어느 날 산길을 가다 산적을 만나 온몸을 풀로 묶임을 당했다. 그러자 초계 스님은 풀도 하나의 생명이기에 스스로 풀을 뜯어내면 풀이 죽을 것을 염려해 다른 사람이 와서 하나하나 풀어줄 때까지 움직이지 않았다고 한다. 물론 이렇게까지는 힘들겠지만, 이런 일화를 통해서 함께 생명의 소중함에 대해 다시 한 번 되새기는 기회를 가졌으면 한다.

살아 있는 고기를 수입해서 방생(放生)하는 해프닝이나 벌일 것이 아니라 자연에 대한 경외감을 간직하고, 지금 이 순간 인재에 의해서 죽어가는 자연을 위해 기도를 해야 할 것이다. 그것이 우리 자신의 생명을 위한 기도이기 때문이다.

자연의 소리,
영혼의 소리

얼마 전 제자가 한란(寒蘭)을 가져왔다. 어느 전시회에 내놓으려고 키워왔는데 내가 난을 키워보고 싶다는 말을 듣고 가져왔다고 한다.

그러나 난을 키운다는 것은 보통 어려운 일이 아니었다. 그것을 깨닫는 순간 내가 난을 키워보고 싶다고 한 것이 사치스러운 감정임을 알게 되었다. 바쁜 일을 핑계 삼아 난 키우는 일은 집사람에게 맡기고, 아침저녁 난을 보는 것으로 만족했다.

그런데 어느 순간부터 하루하루 난이 달라지는 것이 눈에 띌 정도였다. 그러다 반년이 지나고 나서 꽃이 피었다. 나중에 알게 된 일이지만 집사람은 난 전문가가 아니었음에도 불구하고, 좋은 난을 선물 받고 방치할 수 없었기에 창가에 놓고 적당한 일조량과 물을 주어서 난을 훌륭하게 키워낸 것이다.

아내의 말에 의하면, 삼 개월 정도 지난 후부터 난의 성질을 알게 되었다고 한다. 그때부터 아침에 정해진 자리에 놓아 오후까지 빛을 받게 하고, 자리를 옮기면 안 된다는 것이었다. 하루에도 몇 번씩 난을 살펴봐야 한다고 했다.

나는 우리 집 한란에 꽃이 핀 것이 놀라워 새삼스러워했는데, 집사람이 난을 키우면서 얻은 체험을 들으니 무엇인가를 키우고 열매를 맺는다는 것이 얼마나 어려운 일인가를 새삼스럽게 느꼈다. 무엇이든 씨를 뿌리고 싹이 돋으면 관심을 주고 가꿔야 한다는 평범한 비결을 다시금 생각하게 된 것이다.

이렇게 모든 것을 가꾸고 결실을 맺게 하는 것은 사람이다. 사람이 모든 결실의 주인일진대, 우리에게 가장 중요한 것은 먼저 사람을 아끼는 일이다. 사람을 아끼는 것이 사랑이다. 자연의 결실이 상생의 변화 자체가 계속되는 선한 법칙이라면, 인간의 결실은 사랑에 의해 맺혀진 열매다.

포도가 알알이 익어 주인을 기다리고 있다. 사과가 푸른 잎 사이로 그 본래 모습의 색깔을 내는 결실의 문턱에 다다랐다. 들녘은 황금빛 너울로 부푼 꿈을 기리면서, 시원한 바람에 가냘픈 선율을 그리며 잔잔한 파도를 잇는다. 산은 폭염 속에 익어온 청록색이 이제는 아주 검은 대륙을 연상시키더니 그것도 제풀에 죽어 점점 독살스러운 모습이 시들해가는 듯하다. 뜰 안의 귀뚜라미는 왜 그리 우는지, 한여름 개구리의 울음을 흉내 내듯 귓전을 때리며 그칠 줄을 모른다. 하늘은 점점 높아져가고 성질 급한 아낙네는 빨간 고추를 지붕 위에 널려고 손발이 분주하다.

'이제는 가을인가 보다'라고 감상에 젖는 마음이 생기자마자 대자연의 섭리와 조화에 머리가 절로 숙여진다. 나는 엄숙한 대자연에서 새로운 지혜를 얻어야 함을 발견했다. 자연은 언젠가 그가 뿌린 씨는 그가 걷어간다. 선현들은 자연과 인간을 둘로 보지 않고 하나로 보았다. 우리 인간 사회도 한가지로, 우리가 뿌린 씨는 우리가 거둬들이는 인과 법칙이 적용된다.

우리는 눈앞에 있는 보이는 것, 있는 것만을 높은 가치로 보고 살아간다. 그러나 진실로 있는 것은 없는 것이 있기 때문에 그것이 있다로 가능한 것이다. 따라서 없는 것도 있는 것만큼 가치가 있다고 봐야 한다. 보이지 않는 것의 까닭이 됨을 알아야 한다. 우리는 지나치게 보이지 않는 것을 키우지 않았다.

보이지 않는 저 뒤편을 알려고 하는 사람들은 영혼의 소리를 듣는 사람들이다. 감각적 향락이 우리의 전부인 것처럼 느껴져도 사실은 고요함, 즉 보이지 않는 세계가 있기에 그런 감각적인 세계도 있는 것이다.

자연은 소리가 없는 것처럼 느껴진다. 그 소리가 아주 커서 소리가 들리지 않을 뿐이다. 자연은 만물을 키우고 있지만 그 결실을 자신의 것으로 만들지 않아서 키우는 것이 보이지 않는다.

해가 뜨고 상쾌한 바람이 불면 우리 마음은 기쁘고 상쾌

하지만, 구름이 끼고 비가 내리면 습도가 높아져 우리 마음도 불쾌해진다. 이러한 단순한 일로만 봐도 우리는 자연과 하나요, 깊은 관련이 있으며, 상호 인과 관계를 맺고 있다.

자연이 기화(氣化)이듯 우리의 마음도 기화다. 기는 깨끗하고 더럽고, 맑고 통하고, 편벽되고 막혀 있기도 한 것이다. 우리 마음이 깨끗하고 맑고, 통하면 우리 삶도 역시 맑고 잘 통할 것이다.

우리 사회의 갈등은 우리의 마음과 관련이 깊다. 이러한 갈등을 해결하려면 갈등을 화해시킬 수 있는 절제력이 있고, 초연하게 모두와 잘 통하는 맑은 사람들이 많아야 한다. 이런 높은 인격을 가진 사람은 주위에서 잘 자라도록 키워야 한다.

이런 인물에 대해 우리는 그동안 많은 씨앗을 가지고 있었지만, 그 씨앗을 뿌려놓기만 하고 제대로 가꾸지를 않았다. 조금 가꾸었다가 결실을 보고 제구실을 하기 전에 가지를 쳐내고, 뿌리째 뽑아버렸다. 그렇게 사람을 제대로 키우지 않았다.

결실을 볼 때까지 키우지 않을 바에야 왜 씨를 뿌리는가? 결실이 맺힐 때까지 키우는 인내심이 부족하다. 자연을 보라. 그는 자신이 뿌린 씨를 모두 걷어간다. 그 과정도 매우 친절하다. 결코 오만하지 않다. 그러나 인간들은 오만하다.

겸허한 외경의 마음이 없어서 영혼의 소리를 들을 수 없다. 영혼의 소리가 들리지 않으니 뿌린 씨를 제대로 거둘 수 없는 것이다. 영혼의 소리로 사람을 키우고 아끼고 사랑해야 한다.

3장
마음의 지혜를 구한다

때려야 할 것은 마음이다

현대 사회에서는 지위의 성취나 물질의 소유가 가장 바람직한 가치의 기준이 되었다. 그렇기에 실패, 무소유, 낙오는 무가치한 것, 무용지물로 여긴다.

그러나 조금만 깊이 생각해보면 물질의 소유만을 가치로 삼았을 때 우리는 그 물질에 우리 자신이 속고 있음을 발견하게 된다. 아무리 새롭고 좋은 물건이라도 물질인 한에는 그것이 주는 즐거움에 한계가 있다. 소유만을 추구하는 인간은 곧 더 좋은 것을 찾는 무한한 욕구의 늪으로 빠져들어가는 허수아비가 된다.

현대의 기술 문명은 물질적 풍요를 낳았다. 그러나 그 풍요는 우리 내면세계의 안정과 자족(自足)을 가져오지는 못했다.

허버트 마르쿠제가 지적한 것처럼 '나는 생각한다'에서 '나는 소유한다'로 바뀐 대안 없는 일차원적인 사유에 빠져버리고 말았다.

정신적 풍요만이 절대적 풍요라는 것은 아니다. 적어도 물질적 풍요가 전부라는 독단을 버려야 한다는 것이다. 우리 인간은 정신과 육체로 구성되어 있는 존재이므로 어느 한쪽만 최상이라고 고집할 수는 없다.

다만 우리 인간은 선험적으로 영원이라는 관념을 가지고 있다. 영원이 가치 기준의 하나가 된다면 육체보다는 정신을 더 중시할 수밖에 없다. 육체는 유한하고 변화하기 때문이다.

진정한 가치는 정신적 자유를 얻는 데 있다. 정신은 무게도 부피도 없고 자유자재하다. 언제 어디서나 우리가 마음만 돌이켜 먹는다면 곧 마음은 거기에 있다. 운전하기 쉽고 시공을 초월한 이러한 정신, 즉 마음을 가치 기준으로 삼는다면 우리는 무거운 욕망의 포로에서 벗어날 수 있다.

마음을 다스리는 방법은 멀리 있는 것이 아니다. 이 마음이 주인이라는 생각만 가지면 곧 거기에 자족할 수 있는 씨앗이 생겨나는 것이다. 자족은 어떠한 힘으로도 그것을 움직일 수 없다.

중국 당나라에 육조 혜능 스님의 제자인 회양이라는 스님이 있었다. 어느 날 회양 스님은 젊은 수행자가 법당에서 좌선을 하고 있는 모습을 보았다. 그 수행자는 후일 선불교의 유명한 조사가 된 젊은 시절의 마조 선사였다. 회양 스님은 그 젊은 수행자에게 지금 무엇을 하고 있느냐고 물었다. 마조 선사는 성불하려 한다고 대답했다.

그러자 회양 스님은 마당에서 돌과 기와를 주워와 법당 바로 앞 돌에다 기와를 갈기 시작했다. 마조 선사는 그 모습을 보고 무얼 하느냐고 묻자 회양 스님은 기와를 갈아서 거울을 만들려고 한다고 했다. 마조가 기와가 어떻게 거울이 되느냐고 반문하자, 회양 스님은 큰소리로 말했다.

하루 종일 앉아 있다고 부처가 되겠느냐? 소달구지가 가지 않을 때 소를 때려야 하는가? 달구지를 때려야 하는가?

이 말을 듣고 마조 선사는 크게 깨달았다고 한다. 우리는 지금 달구지에만 집착해 자신도 모르고, 자족도 모르고 산다. 마음의 밭을 경작하는 지혜를 갖도록 하자.

마음을 때려야 세상이 제대로 보인다.

마
음
의
죽
음

전쟁터에서 돌아오고 나서 얼마 동안은 6월이 되면 국군묘지
에 갔었다. 그리고 나와 함께 싸웠던 전우들의 비명(碑銘)을 보
고 나 대신 먼저 하늘나라로 떠난 그들을 회상하며, 그 넋들의
명복을 빌곤 했다. 그러다 언제부터인가 바쁘다는 핑계로, 그
리고 그들의 몫까지 열심히 산다는 핑계로 국군묘지에 발걸음
하지 못했다.

　고지(高地)의 벙커는 끔찍하게 지루했다. 울안에 갇혀 있는
호랑이가 설사 죽는 한이 있더라도 창살을 뚫고 밖으로 뛰쳐나
가고 싶어 하듯 우리들은 모두 어떻게든 그곳을 빠져나가고 싶
어 했다. 그렇게 일주일에서 보름 정도가 지나고 나면 소위 작
전이라는 이름으로 전투를 위해 목적지로 간다.

오랫동안 갈구했던 벙커로부터의 탈출이 곧 죽음의 행렬로 이어질 수 있다는 것이 그 전장의 아이러니였다. 우기가 되면 하루 종일 비가 내렸다. 폐허가 된 어느 마을의 처마 밑에서 야전 식량으로 배를 채우고 있으면 돼지, 닭, 오리 따위가 아무것도 모른 채 이리저리 돌아다닌다. 죽음의 계곡 속에 잠시나마 허용되는 고요함이었다.

그러다 갑자기 콩 볶는 듯한 요란한 소리에 그 적요는 순식간에 사라지고 부상자가 들려 나가는 순간 새삼스럽게 내가 살아 있음을 자각했다. 다시 외로운 벙커에 돌아오면 나와 어울렸던 사람들의 모습이 눈에 어른거리면서 내 젊음도 언제 끝나버릴지 모른다는 불확실성이 불안으로 다가왔다.

내 존재가 무화된다는 것을 이성으로 받아들일 수 없다는 것이 가장 답답했다. 내가 그것을 어떻게 설명할 수 있을까? 설명하려고 한다는 것은 곧 살아 있다는 것을 확인하는 작업이다. 그러니 지금 당장 설명 없이 죽음을 받아들여야만 미래의 죽음을 말할 수 있었다.

내가 배운 모든 지식을 동원해도 그것은 설명되지 않았다. 그저 한 가지 명백한 것은 죽음을 생각하고 있는 동안은 내가 살아 있다는 사실이었다.

그러다 곰곰이 생각해보니 죽음의 불안은 내 존재에 대한 확실성과 불확실성 사이에서 오는 불안이었다. 나만이 존재해야 한다는 가정은 내가 없어져서 무존재가 되는 것에 대한 불안을 수반했다. 따라서 모든 것이 존재하는 것과 모든 것이 존재하지 않는 무존재를 가정한다면 죽음의 불안은 없어질 것이다.

여기서 나는 수없이 외웠던 문구가 생각났다.

무릇 있는바 모든 것은 허망한 것이니 만약 있는 것과 없는 것을 한 번에 보면 영원한 존재를 볼 것이다.

허망함, 텅 비어 있음, 진실한 존재는 없다는 사실, 그것을 알면 곧 확실한 존재를 확인하게 되고 그렇게 되었을 때 죽음과 삶은 둘이 아니고 하나가 되는 것이다.

여기까지 자각이 되자 나는 내가 여기서 무명의 용사로 사라진다 해도 그것은 거대한 우주 질서의 한 부분으로 참여해 무한한 것과 하나 됨이 되기 때문에 전혀 후회할 문제가 아니라는 생각이 들었다.

결국 중요한 것은 육체의 죽음이 아니라 마음의 죽음이었다. 육체는 죽음 자체를 인식할 수 없다. 죽음에 대해 알고 불안해하는 것은 마음이지 다른 아무것도 아니다. 마음이 죽으면 육체가 살아 있다 해도 죽은 것이다. 마음이 살아 있으면 육체도 함께 살아 있는 것이다.

그 후 나는 죽음에 대한 불안이 어느 정도 가시게 되었고, 머리로만 이해하려던 부처님의 세계는 이미 부처님의 세계가 아님을 깨닫게 되었다.

부처라고 하면 부처가 아니다. 《금강경》의 무유정법, 즉 정한 법이 없다는 뜻이 이해되었다. 불교는 이것이다 하고 일정한 틀을 만들어 그것을 고집하게 되면 이미 진리의 세계를 벗어나게 되는 것이다.

그 모든 것은 마음에서 이뤄지는 것이니 마음의 길을 어떻게 보느냐에 달려 있을 뿐이다. 마음은 언제나 출렁거리고 쉴 틈이 없다. 들락거리는 마음에서 마음을 찾는다고 해도 찾을 길이 없다.

선불교의 4조 도신 대사가 열세 살의 어린 나이에 3조 승찬 대사를 방문해 가르침을 간청했다.

"스님, 자비로운 법문을 베푸셔서 저의 고뇌를 해탈하게 해주십시오."

"해탈이라니, 누가 너를 붙들어 매었느냐?"

"아무도 저를 붙들어 맨 사람은 없습니다."

"붙들어 매지 않았다면 무슨 해탈을 구하는가?"

그 말을 들은 도신은 크게 깨달았다. 그리고 스님께 진심으로 감사하며 물러났다.

그렇다. 누가 우리 마음을 붙들어 맨 자가 있는가? 그저 마음이 저 혼자 일어났다 꺼졌다 한다. 이 일어났다 꺼졌다 하는 그것이 본래 허망한 줄 알면 그것이 참 진리의 세계가 아니겠는가?

진정한 마음의 모습은 심로절(心路絶), 마음길이 끊어진 바로 그곳이 아닌가? 해마다 6월이 오면 나는 한동안 고락을 함께했던 전우들을 생각하며 마음길이 끊어진 해탈의 길에서 영원하도록 명복을 빈다.

긍정적 사고방식

세상만사 새옹지마(塞翁之馬)라는 말이 있다. 이익인 줄 알았던 것이 손해가 되고, 복이 화가 되며, 그 반대도 늘 있는 일로 인간의 화복, 길흉은 예측할 수 없다는 비유다.

이 고사는 인생을 살면서 닥쳐오는 것이 행이든 불행이든 그것을 절대적인 것으로 생각해서 일희일비하거나 좌절하지 말라는 교훈을 담고 있다.

부처님은 우리들의 실망과 좌절, 고뇌와 허무 등이 모두 마음의 소산이라고 했다. 일체유심조라는 불교 용어는 바로 모든 것이 마음먹기에 달려 있다는 것을 단적으로 표현한 말이다.

아무리 괴로운 일이라고 하더라도 그 괴로움의 실체는 없다. 괴롭다는 생각에 집착하면 괴로움이 더욱 가중될 뿐이다.

한마음을 바꾸면 원수도 동지가 되고, 살인자도 착한 사람이 된다.

마음은 요술 단지다. 마음에 있는 것은 현실에도 있다. 마음에서 안 된다고 하면 현실에서도 안 된다. 마음에서 이뤄진 것은 현실에서도 이뤄지는 것이다.

상상력은 현실을 이끌어가는 견인차다. 마음이 검으면 얼굴도 검어지고 마음이 밝으면 얼굴도 밝아진다.

모두가 마음이 그려낸 그림들이다. 그래서 마음을 마치 화가와 같다고 하지 않는가? 화가가 캔버스에 어떤 것을 그리느냐에 따라서 다양한 모습이 나타나는 것이니 어떤 일이든 그것이 절대적인 것으로 변화될 수 없는 것으로 생각하지 말아야 한다.

우리의 정신을 경색(梗塞)되게 만드는 것은 수직적으로 사고하는 것이다. 위와 아래로 직선으로만 움직이는 생각, 좌우가 없는 생각은 모든 것을 획일적으로 보게 만든다. 새로운 답이나 두 번째 대책을 허용하지 않는 것이다.

우리 마음의 실상은 바다와 같은 것이다. 출렁거리기도 하고, 고요하기도 하다. 바다가 고요한 줄로만 알다가는 갑작스런 태풍으로 촉발된 거친 파도를 이겨낼 수 없다. 반면 출렁거리는 파도에만 집착하면 고요한 바다를 이해할 수 없다. 이렇게 획일적이고 수직적인 사고는 우리를 단세포처럼 단순하고 메마르게 만든다. 이런 사고로는 자연의 신비와 인생의 무궁한 진미를 알 수 없다.

시야를 좀 더 넓혀보자. 고정된 사고를 벗어나 자유로운 사고로 전환하자. 지혜는 일정한 틀에 박혀 있지 않은 다양한 생각에서 나온다. 한 잎의 낙엽이 떨어져 썩어가는 데도 이유가 있다. 낙엽이 썩지 않으면 다음해에는 나무가 그 생명을 간직할 수 없을 것이다.

우리에게 주어진 모든 길은 우연한 길이 아니다. 모두 그만한 이유가 있어서 만나게 되는 길이다. 나에게 벌어지는 모든 일이 나와 무관한 갑작스러운 것이 아니다. 그것은 나의 생각과 행위의 결과로 만나게 된 것이다.

마음은 물과 같다. 물은 네모난 컵에 넣으면 네모진 모습으로 변하고, 둥근 통에 넣으면 둥글게 된다. 마음 역시 그와 같아서 내가 맞이하는 일에 따라서 거기에 맞출 수 있다. 매 순간 어떤 마음가짐을 가질 것인가가 중요하다.

그것이 좋은 일이든 나쁜 일이든 대립하지 않고 받아들여 내 것으로 포용하는 것이다. 지금 이 순간 나에게 닥친 어려운 일은 내가 지금 잘못해서 일어난 일이 아니라 오래전부터 내가 남에게 진 빚이 있고 그 빚을 갚는 것이라고 생각하면 된다. 그렇게 이해하지 않고 불만을 가진다면 대립이 심화되고 결국 갈등이 깊어지며 파멸에 이를 것이다.

내가 수용하지 않고 피할 수 있는 선택의 여유는 우리 인생에는 주어지지 않는다. 우리의 오감은 항상 좋은 것만 바란다.

우리의 괴로움은 언제나 내가 좋은 것만 가져야 한다는 고정된 관념 때문이다. 그 고정 관념을 불식하고 새로운 무한의 지평을 열지 않으면 신천지는 개척되지 않는다. 고정된 사고에서 벗어나 만사를 수용하는 마음가짐, 그런 사고방식이 필요하다.

오직 고등학교 다니는 아들의 성공만을 유일한 희망으로 삼고 살아가는 부인이 있었다. 온갖 기대를 한 몸에 안은 아들이었지만 고등학교 이학년이 되자 비뚤어지기 시작했다. 어머니 핸드백 속의 돈을 몰래 가져가기도 했고, 저녁에는 늦게 들어오기 시작했다. 성적은 점점 바닥으로 떨어져갔다. 어머니의 마음은 불안해지기 시작했고, 아들을 점점 믿을 수 없게 되었다. 결국 아들을 증오하게 되었고, 아들의 목소리를 듣는 것도 싫어질 정도가 되었다.

아들을 미워하면 할수록 아들은 더욱 비뚤어졌다. 어머니는 결국 참을 수 없는 지경이 되어 심리 상담 선생님을 찾아갔다. 상담 선생님은 아들을 미워하지 말고 칭찬하고 인정하라고 했다. 그러나 어머니는 아들을 칭찬할 것이 없었다.

그러나 마음을 돌이켜보기로 했다. 만약 아들이 큰 병이라도 걸린다면, 교통사고라도 난다면, 아예 집을 나가서 들어오지 않는다면 어떨까라고 생각을 해보았다. 그런 생각을 하니 아들의 성적이 비록 떨어지고 늦게 들어오기는 하지만, 건강하고 집에 와서 잔다는 것만으로도 감사하다는 마음이 들었다.

그때부터 어머니는 아들을 그 자체로 존중하고, 칭찬했다. 심지어 매일 칭찬 일기도 썼다. 물론 결코 짧지 않은 기간 동안의 인내심과 정성이 필요했다. 하지만 어느 순간 아들은 본연의 모범생의 모습으로 돌아왔다.

마음은 본래 맑고 깨끗한 것이다. 아무리 더러운 불순물이라도 마음이라는 용광로에 넣어서 용해시킬 수 있다는 믿음을 가져야 한다.

지금 당장 부족해 보일지라도 그 속에 내재한 거짓도, 불완전함도, 실패도 없는 마음의 본래 모습을 봐주는 긍정적인 사고방식이 우리 삶을 더욱 풍요롭게 만들 것이다.

불교는 깨달음의 종교다. 무엇을 깨닫는가? 마음을 깨닫는 것이다. 수행에는 승(僧)과 속(俗)이 따로 없다. 승도 수행을 하지 않으면 속인과 다름이 없고, 속인도 수행을 하면 출가승과 다름이 없다.

마음이 어떤 것이기에 깨달아야 하는가? 우리 마음은 본래 맑고 깨끗하다. 믿음은 이 청정함을 믿는 것이다. 그런데 홀연히 무명(無明)이 덮여 그 맑고 깨끗함이 언제나 밝게 드러나고 있지 않다. 그렇다면 무명이란 왜 일어나는 것인가? 두말할 것 없이 탐진치(貪瞋癡)라는 세 가지 독이 되는 마음 때문에 발생한다.

탐욕과 분노와 어리석은 마음이 일어나면 온갖 죄를 범하게 되고, 고통을 받는다. 욕심과 어리석음에 대해서는 쉽게 이해할 수 있고 어떻게 해야 없애는지 적어도 그 방법에 대해서는 잘 알 수 있을 것이다. 하지만 이 중에서도 특히 조절하기 힘든 분노하는 마음, 우리가 흔히 화라고 하는 마음에 대해서 생각해보자.

진(瞋)의 마음은 우리 인간의 근본 번뇌 중 하나다. 자기 마음에 맞지 않는 경계에 대해 미워하고 분노해 몸과 마음을 편안하게 하지 못하는 심리 작용이다.

우리가 분노를 일으키는 이유는 물질적인 것, 나쁜 말, 냄새, 맛, 감각 등의 형상적인 것과 의식의 작용 때문이다. 이러한 경계가 자신의 마음과 다르면 분노하고 미워하며 그 결과로 온갖 나쁜 행위를 벌이고서야 사라지는 것이다. 마음을 잘 단속해 이러한 악행을 벌이지 않아야만 새로운 업을 짓지 않는다.

내 경우를 예로 들어보겠다. 1990년 동국대학교 총장 직선에 입후보해 압도적으로 일등을 했다. 그해 10월 말 이사회에서 총장 선출을 하기로 되어 있었는데 무슨 이유 때문인지 차일피일 총장 선출이 연기되었다. 1991년 2월 재차 총장 선출 이사회가 열렸고, 다시 투표를 하게 되었다. 그렇다 하더라도 당연히 일등으로 교수회 추천을 받은 내가 될 것이라고 예상되었다. 그런데 막상 투표함을 열고 보니, 한 표 차이로 낙방되었다. 쉽게 받아들이기 어려웠다.

모래알을 씹는 기분이었다. 친구도 가족도 누구도 만날 수 없었다. 하지만 무한정 거리를 헤맬 수는 없는 노릇이었다. 해가 떨어질 무렵 집으로 돌아갔다. 아이들은 없고 집사람 혼자 안방에 있었다. 어떤 말도 하고 싶지 않았다. 말을 하게 되면 이유를 설명해야 하고, 설명을 하다 보면 분노가 폭발할 것이 자명했기 때문이다. 조용히 서재로 돌아가 결가부좌를 하고 좌선을 했다.

처음에는 아무리 화두를 들려고 해도 되지 않았다. 배신감과 증오의 불길만 속 깊은 곳에서 타올랐다. 약속은 모두 어디로 갔는가? 사람들이 간사하고 의리가 없다는 생각이 들었다. 목탁을 들고 염불을 시작했다. 고성 염불 속에 문득 마음 깊은 곳으로부터 깨달아지는 것이 있었다.

오늘 내가 겪는 일은 내 업장의 결과다. 누가 나를 일부러 괴롭히려고 하는 것이 아니라 내가 과거에 진 죄업을 갚는 것이다. 원망은 또 다른 고통을 가중시키는 것일 뿐이다.

이런 생각이 번개처럼 스치고 지나갔다.

나는 오랫동안 수유리에 있는 화계사에서 매일 아침 백팔 참회와 함께 《지장경》, 《금강경》을 독송했다. 《지장경》의 죄업 소멸에 대한 경구가 머릿속에 박혀 있었다. 그것이 내 마음을 부처님의 길로 인도했다. 점차 머리가 맑아지면서 마음이 정리

되기 시작했다.

자신이 겪는 고통을 이겨내려면 부처님의 법을 실천하는 것뿐 다른 방법이 없다. 전생의 업장이 이 일로 소멸되는 것을 감사해야 하며, 이 일로 새로운 업을 짓지 않도록 해야 한다.

지금 나를 찍어주지 않은 분들은 전생에 내가 빚을 많이 진 분들이고, 지금 내가 겪는 고통으로 그 빚을 갚는다고 생각하니 마음이 가벼워지면서 새로운 힘이 솟아났다. 나는 저녁 늦게 전화기를 들었다. 그리고 한 분 한 분에게 빠짐없이 전화를 걸었다.

대단히 감사합니다. 제가 전생의 죄업과 빚을 이것으로 갚았습니다. 업장이 소멸되어 마음이 편안합니다.

이렇게 참회를 했다. 물론 그것으로 원망하고 분노하는 마음이 완전히 사라지지는 않았고, 한 번씩 떠올라 나를 괴롭히기도 했다. 하지만 그때마다 《지장경》의 업장소멸에 관한 경구를 떠올리며 극복해냈다.

모든 것의 실상은 공한 것이니 고액(苦厄)도 본래 없는 것이다. 모든 괴로운 업은 내가 지은 것이다. 그러니 그것을 풀어내는 것도 내가 하는 것이다. 자신이 만들어낸 것에 속지 말아야 한다. 그것이 불필요한 화에서 벗어나 업장을 소멸하는 길이다.

마군과의 싸움

가끔 만나는 신도들 가운데 아들의 대학 입학을 위해 수년 동안 간절히 기도를 했는데도 낙방이 되었다면서 "진정 부처님이 영험한가요?"라며 원망 어린 시선으로 질문하는 분들이 종종 있다. 심지어 어떤 신도는 앞으로 부처님을 믿지 않겠다고 한탄을 하기도 한다.

그럴 때면 아직 마군(魔軍)이 완전히 끊어지지 않아서 그러니 더욱 예경하고 기도를 하라고 답변한다. 때로는 부처님이 다른 길로 인도하기 위해서 시련을 주는 것이니 어쩌면 다행한 일이고, 앞으로 더욱 좋은 일이 일어날 것이라고 말하곤 한다.

그런 대답을 듣는 신도들은 처음에는 의심하며 왜 부처님은 즉시 영험을 보여주지 않고, 시련을 먼저 주냐고 심복하지 않으려 한다. 물론 말하는 나 자신도 부처님 세계를 버선 속 뒤집어 보이듯 명백하게 보여주고 싶지만 믿음의 세계는 그렇게 간단하지 않다.

부처님에 대한 예배와 찬탄, 지속적인 수행은 오랫동안 우리를 잠식한 미혹을 광명으로 전환시키기 위한 과정이다. 우리는 번뇌와 망상에서 벗어나 본래 청정한 한마음을 되찾아야 한다. 부처님의 자비는 우주 속에 가득 차 있다. 다만 우리가 그 무한한 부처님의 불력(佛力, 부처님의 위력·공력)을 확인하지 못할 뿐이다.

일이 성취되고 안 되고 하는 것은 오직 인간의 기준에 의한 것일 뿐, 부처님의 무한 불력 세계에서는 늘 일이 성취되고 있는 것이다. 그런데 우리는 현실의 욕망에 가려 그 불력을 보지 못하는 것뿐이다. 그것을 마장(魔障)이라고 한다. 마장은 우리의 심신을 지배하며, 순리를 이루지 못하게 하는 것이다. 우리가 나름 열심히 수행하고 기도하는 가운데에도 이러한 마장의 힘을 가진 마군들이 방해를 하니, 이 마군의 항복을 받아야 순리가 이뤄진다.

마장이 득세하는 것은 부처님의 힘인 불력이 없어서가 아니라 마장이 불력을 덮은 것이다. 살아가면서 현실적으로 어려운 일이 벌어진다는 것은 오히려 불력이 드러나고 마군이 물러나는 과정으로 봐야 한다. 따라서 지금 어떤 일이 순리대로 성취되지 않는다고 해서 불력을 의심해서는 안 된다. 불력은 언제나 무한한 힘으로 우리를 비추고 있다.

　물론 현대는 마군의 작란(作亂)이 아주 많은 것이 현실이다. 불교계, 정치계, 학계 어느 곳이든 마군이 득세하고 있다. 그러나 마군의 득세가 극도에 이르러도 불력에 대한 믿음이 분명하면, 마군이 스스로 항복을 하고 물러난다.

　고타마 싯다르타는 최후의 한순간에 마군을 항복시켜 득도했다. 우리는 지금 마군과 싸워야 한다. 마군과 싸우려면 인과 법칙과 부처님에 대한 믿음이 선행되어야 한다. 그것이 곧 마군이 물러나고 불력이 드러나게 하는 길이다.

혼자가 아니다

꽃에 나비가 와서 앉았다.

꽃이 말한다.

"뿌리만 없었더라면 저 나비를 따라 훨훨 날아갈 텐데."

그때 뿌리가 말한다.

"꽃만 없었더라면 저 나비한테 꽃가루를 빼앗기지 않았을 텐데. 너 때문에 손해가 막심하구나."

하지만 뿌리가 없는 꽃이 어디 있으며, 꽃이 없는 뿌리가 어떻게 있을 수 있겠는가? 뿌리나 꽃은 다 같이 하나의 나무다. 이 둘은 서로 헤어질 수 없다. 그럼에도 불구하고 꽃은 뿌리의 중요성을 보지 못하고, 뿌리는 꽃의 필요성을 역시 보지 못하는 것이다. 오늘날 우리 사회는 이렇게 어리석은 꽃과 뿌리가 많다. 자기만 있고, 나 혼자만 있다고 생각하는 것이다.

철학적으로 이야기하면 오직 안존(安存)만 내세우며 나의 고독, 불안, 우연성을 말한다. 그리고 혼자인 것이 인간의 유한 성에서 비롯된 어쩔 수 없는 존재 양식이라고 부르짖는다.

그러나 곰곰이 생각해보면 나라는 것이 나의 실존이 덜 깨진 존재라고 하지만, 과연 내가 그저 단독자로서만 존재할 수 있는가? 이미 출생부터 나는 혼자가 아니다. 출생부터 인간 과 인간 사이의 교통, 소통이 문제가 된다. 세계 내의 존재는 부정할 수 없는 사실이다.

인간은 결코 단독자가 아니다. 인간은 이미 이 우주 속의 존재로 속성화된 것이다. 혼자 있는 것은 하나도 없다. 지구 위의 공간을 보라. 여기가 있음으로 해서 저기가 있고 위가 있음으로 해서 아래가 있다.

시간 역시 과거가 있음으로 해서 현재가 있고, 현재는 미래가 있음으로 해서 뚜렷해지는 것이다. 어느 하나 홀로 있는 것이 없다.

불가에서는 이러한 관계를 연기설(緣起說)이라 한다. 이것이 있음으로 해서 저것이 있고, 이것이 멸하면 저것이 멸한다. 생멸, 즉 있고 사라지는 것이 오직 있는 것만이 아니라 없음으로 인해서 있게 되는 것이다. 또한 있음으로 인해서 없게 되는 것이다.

인간의 감정 역시 그렇다. 즐거움이 있으면 슬픔도 있게 마련이다. 즐거움이 계속되는 경우는 극히 드물다. 고통 역시 그렇다. 고가 있으면 그것이 다하고 난 후에는 즐거움이 오게 되는 것이다. 산을 오르는 고통이 없다면 산꼭대기에서 내려다보는 기쁨을 어떻게 누릴 수 있겠는가?

세상만사 모든 것이 서로 상대적인 관계라는 인연을 맺고 살아가는 것이다.

옛날 욕심 많은 부자가 살고 있었다. 그는 더 큰 부자가 되고 싶어서 혈안이 되어 있었다. 그런 그에게 하루는 예쁘고 귀티가 나는 한 여인이 찾아왔다.

그는 여인에게 물었다.

"당신은 누구신가?"

그 여인의 대답은 놀라웠다.

"나는 공덕천이라는 여신입니다."

"그대가 하는 일은 무엇입니까?"

"나는 내가 머무르는 곳마다 가지각색의 금은보화를 생산합니다."

주인은 그 말을 듣고 환희에 찬 얼굴로 공덕천을 맞이했다.

잠시 후 문밖에서 또 다른 여인의 목소리가 들려왔다. 그녀는 남루한 의복을 입고 초라한 행색을 하고 있었으며, 때가 까맣게 끼고 살빛이 거무튀튀했다.

주인이 그 여인을 보고 물었다.

"그대는 누구의 종이며, 이름은 무엇인가?"

"제 이름은 검둥입니다."

"왜 그런 이름이 붙었는가?"

"제가 가는 곳마다 재물을 소모합니다."

주인은 그 말을 듣자마자 칼과 몽둥이를 준비하며 말했다.

"당장 꺼지지 않으면 목숨을 잃을 것이다."

여인은 담담하게 대답했다.

"그대는 왜 그렇게 어리석고 지혜가 없는가?"

"내가 왜 어리석고 지혜가 없단 말인가?"

"그대의 집에 지금 막 들어간 공덕천은 내 언니다. 언니와 나는 언제나 거취를 함께한다. 그대가 나를 쫓아내려고 하면 언니도 쫓아내야 한다."

주인은 집 안으로 들어와 공덕천에게 물었다.

"밖에 지저분한 한 여인이 찾아와 당신의 동생이라고 하는데 사실입니까?"

"분명히 내 동생입니다. 나는 동생과 행동을 함께했고, 한 번도 떠난 적이 없습니다. 나는 이로운 일을 하고, 동생은 손해가 되는 일을 합니다. 만일 나를 사랑하려거든 그녀도 사랑해야 하고, 나를 공경하려면 그녀도 공경해야 합니다."

이 일화에서도 알 수 있듯, 우리 삶의 세계는 좋은 일과 궂은일이 서로 어우러져서 살아가는 것이다. 어떤 하나만이 절대적이고 영원한 것이 아니다.

좋은 것이 있으면 나쁜 것도 있다. 좋은 것만 취하려고 해서는 안 되며 그렇게 될 수도 없다. 어느 한 가지만이 절대적이라고 여긴다면 그것은 짧은 생각에 불과한 것이다. 긴 것은 긴 대로 짧은 것은 짧은 대로 쓸모가 있다.

우리는 서로 상부상조하는 관계에 있다. 즉 공존의 터전 위에서 함께 살아가는 것이다. 우리는 결코 단독자로, 혼자서만 살아갈 수 없다. 모든 것이 인연을 따라 연결되어 있기에 하나의 단독자로서 실체를 가질 수 없는 것이다. 그렇기에 일체를 갖추어 하나를 이루는 것이요, 하나로서 일체를 이루는 것이다. 따라서 하나가 곧 다(多)요, 다가 곧 하나다.

우리의 뿌리는 모두가 하나로 되어 있음을 알 때 공존의 세계가 펼쳐지는 것이다.

오늘날 많은 사람이 문명의 발달을 향유하며, 그것을 찬양하고 있다. 문명의 발달은 우리 사회가 편리함과 효율성만 절대적인 가치로 간주하는 경향을 낳게 했다.

하지만 아무리 문명과 문화가 우리를 물질적으로 중세의 귀족처럼 만들어준다 하더라도 그것으로 인해 파생되는 각종 공해, 인간 소외, 비인간화, 부조리의 참상들을 도외시해서는 안 될 것이다.

자연과학의 발전이 한편으로는 우리들의 참된 본성을 공동(空洞)화시켰고, 자아를 상실하게 만들었다. 우리 모두가 마치 로봇 같은 모양으로 이 세상을 살아간다. 직장에서는 하나의 큰 공장을 돌리는 부품처럼 되었고, 가정에서는 텔레비전 같은 각종 대중 매체에만 매몰되어 있는 로봇이 되었다.

이러한 대중은 오직 하나의 길밖에 모른다. 매일 자신을 실어 나르는 자동차와 대중 교통수단 속에서 하나의 군중으로 몰락하고 만 것이다.

참다운 나는 찾아볼 수 없고, 군중 속에 버려진 존재가 되는 것이다. 이름은 있을망정, 내면적인 자아는 대중화되어 사라지고 말았다. 개성은 사라진 채 속 빈 풍선처럼 되어 하늘을 떠돌아다니는 가련한 신세가 되었다.

이러한 대중을 현대인이라는 이름으로 통칭할 수 있을 것이며, 이들은 지식을 가졌으나 지식의 노예라고 부르는 것이 더욱 적합할 것이다.

고대 그리스의 철학자 플라톤은 인간의 모든 식견(識見)은 속견(俗見)과 인식(認識)으로 나눌 수 있다고 했다. 인식은 이성을 바탕으로 만들어진 지식이고, 속견은 이성으로 이해하는 것이 불가능할 경우 그것을 대신해 나타난 비이성적인 풍습의 소산이다.

비이성적인 속견을 벗어나 인식의 영역을 추구하는 것이 필로소피아(Philo-sophia), 철학이라고 했다. 다만 시인과 예언자의 역량은 이성이 아닌 영감을 통해서 발휘되므로, 이들은 필로소피아 영역 밖에 있는 사람들이라고 간주했다.

그러나 플라톤 이전, 초기 고대 그리스의 철학은 이성적인 학문에서 출발한 것이 아니다.

지혜[Sophia]에서 출발한 것은 지식이든 기술이든 모두 필로소피아라고 불렀다. 이러한 지혜는 시인이든, 정치가든, 군인이든 누구에게서나 나올 수 있다고 보았다.

그런데 철학이 학문으로 정립되면서 플라톤의 방식으로 소위 인식으로서의 이성적 지식을 강조했고, 한편으로는 시대가 흐르면서 이성적 지식을 위한 진위(眞僞)의 실험이라는 방법을 통해, 자연과학적인 지식만 위력을 갖게 되었다.

다시 말하면 서양에서는 지혜가 이성적 지식으로 전환되면서 분석과 실험을 통한 과학 발전이라는 성과를 이뤘지만, 동양에서는 지식을 지혜를 위한 수단으로 인식했고 지혜는 언제나 지식보다 통일적인 진리로 받아들였다. 따라서 과학과 문명의 이기를 발전시키는 데는 많이 뒤졌지만 적어도 인간의 내면적 자아를 주체적으로 파악하고 확립하는 데는 서양보다 앞선 측면이 있는 것이다.

물론 이것은 큰 줄기를 말하는 것으로 서양이라고 해서 모두 과학적 지식만 강조하고, 동양이라고 해서 모두 내면적인 지혜만 강조했다는 것은 아니다.

서양은 내면적인 지혜에 대해서 하느님의 계시 같은 종교적인 신앙으로 이해하는 경향이 강하다. 하지만 동양에서는 신을 통해서가 아닌 자기 스스로 마음의 본성 세계를 직접 성찰함으로써 지혜를 터득한다고 본다.

불교에서 지혜란 반야(般若)라고 한다. 반야는 또한 공이라고도 한다. 공은 일반적으로 비었다는 뜻인데, 여기서 비었다는 것은 그저 없다는 뜻은 아니다. 없다는 것은 무화(無化)인데, 공은 무화가 아니라 진공묘유의 측면에서 이해해야 한다. 우리가 공병(空瓶, 빈 병)이라고 해서 병까지 없다고 보지는 않는 것이다. 완전히 없는 것을 의미하는 것이 아니라 다만 고정된 실체가 없는 것으로 모두가 연기(緣起)의 소생이라는 것이다.

또한 공은 아니다라는 부정이다. 따라서 반야는 부정이라는 것을 체득해야 한다.

지혜는 부정과 부정을 통해서 달관한 세계다. 따라서 지혜는 저절로 나오는 것이 아니라 부단한 자기부정 가운데서 자연스럽게 얻어지는 것이다.

물질적인 눈으로 보면, 이 세상은 확실히 있다. 기쁨도 있고, 나 자신도 있고, 깨끗함도 있다. 그러나 어떤 충격에 의해서 이 세상을 다른 눈으로 보면 우리 삶의 현장은 참으로 고통의 바다이며 무상하다. 나라는 것이 한낮의 이슬과 같이 언제 사라질지 모르는 존재이며, 그렇게 아름답고 깨끗하게 보였던 세상도 더럽고 추잡함만 넘칠 뿐이다.

하루에도 이러한 생각의 갈등은 수없이 오갈 수 있다. 그런 갈등이 지속되면 대체 이 세상이란 참으로 살만 한 가치가 있는가 하는 의심에 사로잡혀서 잠 못 이루는 밤을 여러 날 보내는 경험을 하게 될 것이다.

세상을 무상하다고 해도 지금 나는 있고, 고(苦)라고 해도 나는 지금 여기에 있지 않은가? 결국 이 세상을 세속적인 눈으로 언제나 있고, 언제나 즐겁고, 언제나 나이고, 언제나 깨끗하다고 보는 것도 잠시일 뿐이다. 얼마 지나지 않아 무상, 고, 무아, 부정임을 부인할 수 없는 일을 맞닥뜨리게 된다. 내가 있다는 집착은 연기의 공을 모르고 있기 때문이다.

불교의 지혜를 정리하면 이런 것이다. 지혜의 일차 단계는 먼저 부정(否定)하는 것이다. 있다, 즐겁다, 깨끗하다는 생각에 무상, 고, 무아, 부정(不淨)이라는 부정을 하는 것이다. 지혜의 이차 단계는 무상, 무아, 고, 부정에 집착하지 않고, 다시 그것마저 부정해 얻어지는 깨달음이다. 이것이 지혜의 완성이다.

이 모든 것은 물질적 존재에 대한 부정에서 출발한다. 물질은 우리 삶에 필요한 요소이기는 하지만 그것이 주인공은 아니다. 참다운 주인공은 형상에 사로잡히지 않은 마음의 본체다. 그 마음의 본체는 언제나 깨끗하고 신령스럽게 밝지만 우리가 물질에 대한 집착에 사로잡혀 보지 못하는 것이다.

참다운 지혜의 완성은 착각에 불과한 아집을 부정하고, 그 부정에도 집착하지 않을 때 이뤄진다.

선악의 피안

대체 선이란 무엇이고, 악이란 무엇인가?

선이란 태어나면서 얻어지는 선천적인 느낌에 의한 것이라면 답은 쉬운 것 같다. 그러나 구체적인 행위의 문제로 들어가면 이것은 매우 어려운 질문이다. 선천적인 직관이라고 하면 우리들에게 그것이 어떻게 보편적으로 적용되는가라는 문제가 있고, 설령 그렇게 된다고 하더라도 왜 선천적인 직관을 그대로 수행하지 않고 그것에 반대되는 행위를 하는가라는 문제가 남는다. 다른 표현으로 바꾸면 왜 악을 행하느냐라는 것이다.

악은 자연적인 악과 윤리적인 악으로 나눠볼 수 있다. 자연적인 악이란 질병, 고통, 가난, 죽음 같은 것이다. 자연적인 악의 원인은 육체와 관련 있는 것인데, 기본적으로 물질세계의 유한성 때문이다. 반면 윤리적 악이란 인간에게 책임이 있다. 일반적으로 윤리적인 악을 행하는 이유는 인간이 쾌락의 유혹을 떨치지 못하고, 육체적 감각에 현혹되기 때문이다.

이러한 악은 근본적으로 존재하는 것, 직관적인 것이 아니며 선과 대립해서 있다고 보기보다 그저 선이 결여된 상태라고 볼 수 있다. 따라서 선악을 대립된 개념으로 봐서 악과 맞서 싸우려고 할 것이 아니라 보다 근본적인 선을 충만하게 하면 악은 절로 사라진다.

내가 옳고 네가 그르다는 선악의 시비를 따지는 삿된 마음을 벗어나 인간의 본질에 집중하는 것, 그것이 선악의 피안이다. 그리고 그 선악의 피안에는 자비심이 있다.

플라톤이라는 철학자는 인간은 에로스 속에 아름다움과 선을 열광적으로 붙드는데, 이유는 아름다움과 선이 인간에게 고유한 것이며 인간이 타고난 본성이기 때문이라는 것이다. 사람들이 자기 자신을 사랑하는 것처럼 남을 사랑하고 따라서 자신을 행복하게 즐겁게 해주는 본래적인 나, 즉 보다 나은 나를 구하기 때문이라는 것이라고 말했다. 즉 선을 추구하는 이유는 우연한 것도 수단적인 것도 아닌 근본적인 것이기 때문이다. 그리고 그것이 우리를 행복하게 해주기 때문이다.

우리는 선이 무엇이냐고 물을 때 모두가 사랑이라는 말에 동의하는 것을 주저하지 않을 것이다. 사랑은 언제나 지속적인 행복을 준다. 사랑의 실천에는 순간적인 고통은 있을망정 지속적인 관점에서 보면 행복을 준다. 그것이 불교적인 표현으로는 자비심이다.

아무리 악인이라고 하더라도 의인과 자비로운 사람을 만나려고 하는 것도 자비는 선악의 피안에 있기 때문이다. 따라서 우리는 언제나 자비심인 사랑을 실천해야 한다. 그 사랑은 우선 우리 이웃에서 시작해 지구촌의 인류 전체까지 나아가야 한다.

극단으로 가면 되돌아온다

자고이래로 동양의 지혜로운 성현들은 자신의 행동이나 사고, 언어의 표본을 자연에 두고 살아왔다. 자연계나 인간사에서 무엇이나 극단으로 가면 되돌아오려는 반동이 생긴다. 그것은 자연을 오랫동안 관찰해온 인간이 발견한 진리다. 그것을 반자도지동(反者道之動)이라고 한다.

해와 달의 은총과 사계절의 순환을 살펴보면서 얻은 영감으로 발견한 진리일 것이다. 농본 사회인 동양에서는 이러한 자연의 순환을 무시하고는 농사를 지을 수도 삶을 영위할 수도 없었다. 따라서 계절과 날씨에 민감했을 것이다. 추위가 다하면 더위가 오고, 더위가 다하면 추위가 온다는 것을 발견하고, 해가 중천에 있으면 다시 기울고, 달이 차면 이지러진다는 것을 보면서 이러한 변화의 진리를 깨쳤다.

이것과 같은 맥락에서 인간사도 궁하면 통한다, 굉장히 기쁘면 슬픈 일이 생긴다는 말이 생겨난 것이다. 결국 이러한 사고의 유형은 중용의 과하게 지나치지 말라는 철학으로 이어지게 되었다.

또한 지나치게 많이 소유해 잘못되는 것보다 적게 소유해 잘못되지 않는 편이 낫고, 과도하게 일해 그르치는 것보다 차라리 적당히 하고 내버려두는 것이 더 낫다는 생활의 준칙이 만들어졌다. 과도한 소유와 높은 직위를 경계하게 된 것이다. 이들은 모두 자연을 모범으로 해 생겨난 사고다.

물론 일부 이상주의자들에게는 이러한 사상이 지나치게 소극적이거나 심지어 기회주의적이라고 비판받을 수도 있겠으나 우리 동양인들은 오랫동안 이러한 중용의 가치를 존숭해왔다.

그런데 현대인들은 이런 만고의 진리를 잊고 무절제와 과도한 욕심으로 삶을 그르치는 경우가 많다. 산업 사회의 물결을 타고 사람들이 너나없이 무한 욕망의 포로가 된 듯하다. 물론 효율과 근면이 문명을 발전시키는 데 도움이 되기도 하지만 그것이 무한 경쟁이나 과도한 욕망으로 이어져서는 안 될 것이다. 과유불급이라고 했으니, 동양의 너무 지나치지 말라는 중용의 정신을 되새겨봐야 한다.

우리의 감정도 마찬가지다. 마음에서 일어나는 여러 감정이 아직 나타나지 않은 것을 중이라고 하고, 그것이 나타나서 절도에 맞는 것을 화라고 한다. 중이란 치우치거나 의지하는 바가 없음이요, 화라는 것은 도리에 어긋남이 없는 것인데, 인간사도 이렇게 중화를 유지해야 한 가정을 비롯해서 천하가 모두 평화로워지는 것이다.

현대 사회는 모두 자신의 이익만 추구하고 나만 내세우고 남을 짓밟는 것이 일상화되고 있다. 이럴 때일수록 우리는 좀 더 슬기로워져야 한다.

좋아하는 감정도 지나치면 증오로 변하듯 모든 것은 극단에 달하면 반동이 따른다. 중화와 중용의 지혜를 되살려 극단으로 치우치는 것을 경계해야 무너지지 않고 평안과 행복을 유지할 수 있을 것이다.

깨
달
음
과
깨
침
사
이

겨울의 해는 늦게 뜬다. 7시 30분쯤 되어야 해가 산머리에 보인다. 창밖의 마당을 내다본다. 껍질이 까맣게 된 백일홍이 눈에 들어온다. 언제인가 아내가 능금나무를 한 그루 심자고 해, 심어놓은 능금나무에는 작은 능금이 몇 개 달리더니 꽃이 피지 않았다. 나무에는 아직 떨어지지 않은 잎사귀 몇 개가 붙어 있다. 눈바람이 심해도 떨어지지 않았다. 앵두나무에 달린 잎사귀처럼 생명력이 강하다. 담 저쪽에 향나무가 있는데, 능금나무는 향나무 밑에서는 잘 자라지 않는다고 한다. 봄이 오면 다른 데로 옮겨 심어야겠다.

모든 나무가 검고 누렇지만 주목(朱木)은 아직도 푸르다. 울타리가 된 장미는 새싹이 나는 듯 가시가 지키고 있다. 은행

나무, 벚꽃나무, 굴참나무, 소나무, 철쭉나무, 사철나무 등 많은 종류의 나무가 군집해 있다. 나는 그런 나무들 사이로 소리 내며 짖어대는 참새, 방울새, 멧새 등이 날아와 아침 준비를 하는 것을 지켜보고 있다. 오늘은 아침이 일러 아직 나의 어린 친구들이 오지 않은 모양이다.

나무 잎새가 흔들리지 않고, 새소리도 들리지 않는다. 친구들을 마냥 기다리고 있다. 내가 보기에는 나무나 낙엽 진 담장이나 장미나무에 먹을 것이 있을 것 같지 않은데, 새들은 서로 짝지어 날아다니며 식사를 한다. 지극히 고요한 평화가 느껴진다.

나는 저들과 같이 이 자연 속에서 인간이라는 나무들과 함께 어울리면서 먹이를 나누며 살고 있다. 이 나무에 앉았다 저 나무에 기댔다 하면서 과연 무엇을 목적으로 살아왔던가? 새들은 먹이를 찾아서 먹고 나면 그만이다.

그러나 나는 사람인지라 그렇지 않다. 이 나이가 되도록 과연 잘 살고 있는가? 내가 젊었을 때 가졌던 꿈인 자유자재한 인간이 되었는가? 번뇌 망상이 없는 인간인가를 가끔 물어본다. 그런데 아니다.

나는 아직도 완전히 자유롭지 못하고, 마음대로 행동하면 법도에 어긋나고, 번뇌 망상도 끊이지 않고 있다. 결국 아무것도 이룬 것이 없는 셈이다.

나는 근래 들어와, 나는 아무것도 없구나라는 생각을 자주 한다. 아니 그것을 넘어 나라는 생각을 놓을 때가 잦다. 대학 시절에는 정말 깨닫고 싶어 몸부림친 적도 있다. 그 후에도 내가 근본적으로 변화되어 참다운 깨친 사람이 되고 싶었고 지금도 그 생각은 변함이 없다.

팔십을 바라보는 이 나이에 젊었던 이십 대의 그 생각이나 지금이나 아무것도 변한 게 없는 것이다. 이십 대의 내가 확 바뀌어 전혀 다른 자유인이 된 것도 아니요, 어느 정도 깨달음이 있는 사람이라는 자긍심도 없다. 그저 아직도 '진정한 깨침이 무엇인가? 내가 전혀 나 아닌 사람으로 변할 수는 없는가?' 하는 자기반성만 남아 있다.

나는 단 한 번도 부처님을 잊어본 적이 없다. 생각의 사이사이에 부처님 생각을 한다. 내가 평생을 해왔던 학문이나 직업도 부처님을 보고 싶어서였다. 지금 이 순간도 부처님을 생각하면 가슴이 뭉클하고, 환희에 찬다. 부처님은 내 바깥에 있지 않고, 내 마음에 있다고 배우기도 했고, 또 많은 사람에게 그렇게 말하기도 했다.

그리고 그 마음이 부처임을 확인하기 위해 철야 정진도 하고, 수십만 번의 절도 하고, 기도도 하고 염불도 했다. 그러는 가운데 잠깐 동안 삼매에 들기도 하고 일심도 되었다. 하지만 지속적으로 되지는 않는다. 완전한 부처님은 못 되고, 십 분, 이십 분 잠깐 부처님의 경지를 경험해볼 뿐이다. 그러나 그 때의 환희는 다른 경험과는 비교할 바가 아니요, 이루 말할 수 없이 황홀한 것이다.

　젊은 날의 그 치열한 구도 정진도 세월이 가면서 무뎌지고 있다. 마음이 게으른 것도 있겠지만 무엇보다 몸이 말을 듣지 않는다. 그래도 정진의 끈을 놓지 않으려고 애를 쓴다. 화두와 염불을 놓지 않는다. 경도 계속 읽는다. 메마른 마음에 부처님의 말씀이라는 새 생명수를 부어주는 것이다.

　얼마 전 아주 힘든 치료를 받았다. 많은 사람이 받는 시술이지만 처음 당하는 일이기에 여러 생각이 들었다. 마음이 오히려 아주 차분하고 평화로워지는 것을 느꼈다.

　많은 사람이 고령이 되면 죽음에 대한 두려움이 깊어진다고 한다. 나 역시 죽음을 생각할 때 잠시 두려움이 스쳐 지나갔지만 막상 일을 당하고 보니 《반야심경》과 화두가 오히려 또렷이 잘 들리고, 염불도 순일(純一)하게 잘되었다.

　그제야 아 내가 부처님을 잘 믿고 있구나 하는 생각이 들었다. 그러면서 아픔이 점차 사그라들었다. 그러면서 내가 깨침을 향해 열심히 노력하고 있다는 확신이 들었고 앞으로도 더 열심히 해야겠다는 신심(信心)이 일어났다.

　나는 일생 진정한 깨달음, 깨침을 얻어 부처님이 되는 길을 찾았고, 내가 얼마나 거기에 가까이 갔는지 점검하면서 살아왔다.

　깨달음은 지적으로 모르는 것을 안다는 뜻이며, 깨침은

근본적으로 변화하는 의미라고 할 때, 과연 나는 어떤 편인가를 다시 생각해본다. 나는 아직 전자이지 후자는 아니다. 물론 본인이 깨쳤다고 한다면 아마도 그것은 진정한 깨침은 아닐 것이다.

그래도 나는 깨침을 포기하지는 않을 것이다. 혹여 깨침을 이루지 못한다고 하더라도 부처님이 깨친 진리를 그대로 지켜나가면 그것이 깨친 것이 아니고 무엇이겠는가. 부처님의 깨침인 일체중생이 부처요, 네 마음이 부처라는 진리를 믿고 육바라밀(六波羅蜜, 보시, 지계, 인욕, 선정, 반야, 정진) 중 한 가지라도 옳게 지켜 나간다면 그것이 곧 깨침의 길일 것이다.

나는 스스로 이렇게 위로하며 정진의 고삐를 다시 조인다. 깨침의 노예나 방랑자가 아닌 깨침의 대자유인이 되기 위해서 오늘도 그 길을 걸어간다.

마음의 문제는 마음으로 해결한다

지눌은 《정혜결사문(定慧結社文)》 서두에서 이렇게 말했다.

사람이 땅으로 인해 넘어진 자는 땅으로 인해 일어나는 법이니 땅을 떠나서 일어남을 구함은 옳지 않다. 한마음이 미혹해 끝없는 번뇌를 일으키는 자는 중생이요, 한마음을 깨달아 무한한 묘용을 일으키는 자는 모두 부처님이니 미혹하고 깨달음이 이토록 다르지만, 중요한 것은 한마음에서 달라지는 것이다. 따라서 마음을 떠나서 부처를 구하는 자는 옳은 바가 없다.

나는 이 말을 들을 때마다, 혹은 몇 번이고 되풀이해서 쓰고 읽을 때마다 가슴을 치는 듯한 환희를 느낀다.

언젠가 나는 이런 말을 들은 적이 있다. 정확히 기억은 다나지 않지만 요지는 이런 것이었다.

불교의 궁극적인 목표는 마음의 깨달음이라고 하는데, 그러한 깨달음을 통해 어떤 것이 얻어지는 것이며, 또 불가 특유의 선(禪)이라고 하는 독특한 방법을 통해서만 깨달을 수 있는 것인가? 마음을 깨달으려고 한다면, 현대에는 심리학도 있고, 뇌과학도 꽤 발전했다. 마음이라는 것도 결국 뇌 작용의 하나에 지나지 않는데, 과학 쪽에서 그 답을 찾는 것은 어떤가? 그리고 선이라는 방법을 통해서 합리적 사고의 산물인 현대의 지식을 모두 알 수 있다고 하는 것은 도무지 납득이 가지 않는다. 그보다는 오히려 경험적인 방법으로 인간의 문제를 다루는 것이 바람직하지 않겠는가?

이 말은 우리에게 중요한 시사점을 던져준다. 확실히 현대는 과학의 시대로 과거에 모르던 것, 신비로 간주했던 여러 가지 수수께끼를 하나씩 풀어가고 있다. 따라서 과학이 극도로 발전하면 우리의 대뇌를 작용하는 모든 요소를 알 수 있을 것이고, 그러한 요소들을 분리하고 결합하면 깨달음도 알 수 있을 것이라고 추측해볼 수 있다.

그러한 관점에서 보면 불교에서의 깨달음을 신비 작용의 일환으로 다루는 것은 옳지 않은 것이고, 거기에 일생을 바친다는 것은 무지몽매한 일로 보일 수 있다.

나는 여기에 답하기에 앞서 먼저 대중에게 현대의 불교가 잘못 전달된 점들을 지적하고 싶다. 첫째, 깨달음을 지나치게 초경험적인 신비의 세계인 것으로 이해하게 만들었다는 것이다. 둘째, 깨달음을 얻으면 모든 지식을 일시에 알게 된다는 신통묘용(神通妙用)한 요술 단지로 오인시켰다는 것이다. 셋째, 지나친 선 일변도만 주장한 나머지 현대의 지식을 무시하는 것처럼 오해하게 만들었다는 점이다.

물론 불교는 견성성불을 근본적인 목표로 하고 있다. 그러나 견성성불은 비인간적인 어떤 차원이 있는 것이 아니라 바로 여기 있는 현재의 인간에게서 이뤄지는 것이다. 그리고 그 인간의 주인공은 일심이다. 결국 모든 것이 일심의 문제다. 따라서 단적으로는 즉심시불(卽心是佛, 마음이 곧 부처다)이라는 표현도 쓴다.

물론 여기서 마음이란 심리적 현상 일체를 모두 포함하는 것이다. 또한 이것은 진리라고 할 수 있는 형이상학적인 용어다. 형이상학적인 것을 형이하학적인 것으로 대치(代置)하려고 하면 모순이 발생한다.

우리가 지금 아무리 형이하학적, 자연과학적인 인식론을 발전시켰다 하더라도 그런 인식론을 전개한 인간 자신에 대해서는 자연과학적으로 완벽하게 분석해내지 못했고, 그 증거도 제시하지 못했다. 물론 앞으로 이러한 것들까지 빠짐없이 분석되고 증명되리라 가정할 수 있다. 그러나 그 가정은 그 반대의 가정이 효력을 갖는 것과 마찬가지의 효력만 갖는 것도 사실이다.

깨달음의 세계는 실천의 세계다. 그것은 이론과 다르다. 여기서 꼭 한마디 강조하고 싶은 것은 깨달음을 얻었다고 하거나, 대오각성했다고 해서 일체의 지식을 모두 안다고 생각하거나 신통묘용을 일으킨다고 믿는 것은 잘못이라는 것이다.

오(悟)는 마음의 깨침이다. 지금까지 자신의 몸을 위하고 망상을 위해 살았기 때문에 자성이 진정한 법신이라는 것, 자신이 곧 부처라는 것을 모르던 것에서 벗어나는 것이다. 마음 밖에서 부처를 구하다 마음을 닦아 본성을 만나고, 이 본성이 본래 번뇌가 없고 모든 부처와 추호도 다르지 않다는 것을 깨닫는 것을 오(悟)라고 한다.

지눌은 《수심결(修心訣)》에서 신통묘용이 단순한 말변사(末邊事, 끄트머리와 주변의 일로 지엽적인 하찮은 일이거나 한참 후에나 일어나는 일)일 뿐이라고 한다. 신통묘용이 깨달음의 내용이라는 것도 우리가 만들어낸 하나의 그릇된 상일 뿐이다.

이 세상에 어떤 사람이라도 비록 아무리 위대한 과학적 발명의 성과를 거둔 사람일지라도 마음의 고통 없이 항상 편안하게 살아간다고 감히 자부할 수 있을까?

우리는 매 순간 결단을 내려야 하고, 그 과정에서 분별심이 발동하고, 그 분별은 갈등을 일으킨다. 이러한 차별과 분별과 갈등은 불안을 일으킨다. 이것을 극복하는 것이 바로 해탈이요, 성불이다.

이 해탈에의 간절한 욕구를 실천하기 위해서 불법을 찾는 것이다. 지눌은 삼계(三界, 중생이 사는 세계)가 마치 불난 집과 같으니 고통을 극복하고 근심을 면하려거든 불법을 구하라고 했다. 그리고 그 불법은 곧 마음이며, 마음 밖에서 불법을 구하는 것은 마치 모래를 쪄서 밥을 지으려는 것이라고 했다.

이러한 불법을 찾아서 깨달음을 얻는 것은 선의 방법으로도 가능하지만, 오직 이것만을 고집해 일방통행 식으로 고집을 부려서는 안 된다. 선만이 절대적인 방법은 아니며 교(敎, 교종)라는 길을 통해서 여기에 이를 수도 있다.

부처님이 마음으로 전한 것을 선이라 하고, 입으로 전한 것을 교라고 한다. 모두가 석가의 깨달음에서 나온 두 길이니, 서로 병행하는 것이 가장 지혜로운 방법이다.

또한 먼저 깨달음을 얻고 중생을 구한다는 사람도 있지만, 중생 가운데에 이미 깨달음이 있고, 선도 있는 것이니 그 말은 합리적이지 않다.

불법은 중생 속에 있는 것이다. 자연과학이 아무리 발전하고 뇌 과학의 분석 능력이 아무리 진전된다 하더라도 바로 지금 여기에 고뇌하는 중생을 구하지 못하면 의미가 없다.

땅에서 넘어진 자 땅을 짚고 일어나야 하듯, 마음의 고통에서 벗어나려면 바로 마음으로 돌아가 미혹을 걷어내고 깨달음을 얻어야 한다.

늙어감에 대하여

내가 늙어가고 있다는 것을 객관적인 상황으로 받아들여야 할 시기가 온 듯하다.

나는 그동안 《청춘은 아름다워라》, 《아프니까 청춘이다》 같은 글들을 즐겨 읽었고, 또 조사(祖師)들의 어록이나 유불교 경전 또는 동서양 철학 서적들을 주로 탐독해왔다.

그런 책들은 언제나 늙음이 주가 아니라 항상 현재의 내가 중심이었다. 깨친다거나 성인이 된다거나 영혼이나 심지어 형이상학적 철학 같은 것들조차 대체로 늙음과는 무관한 것이었다. 그런 개념들은 항상 지금, 현존재를 바탕으로 하고 있었다.

그들의 글이 수백 년 전에 쓰였다 하더라도 그들의 현재를 지금의 내가 읽는 것이기에 옛것이 아니었다. 그래서 나는 늙음을 잘 모르고 살았다는 것을 고백한다.

　그러나 이제 늙음에 대해서 이야기하려고 하니 진정 나는 정신적으로는 항상 지금에 살고 있지만 생물학적인 육체는 과거가 있고, 현재가 있고, 미래가 있다는 것을 깨닫게 되었다. 확실히 생로병사(生老病死)가 있는 것이다.

　우리 집 앞마당에 가을 장미가 두 그루 있다. 봄이 오니 분홍색 장미꽃이 피기 시작하더니 스무 송이도 넘는 꽃을 피워냈다. 가만히 관찰해보니 그 꽃잎들은 한 번에 피는 것이 아니라 시간을 두고 순차적으로 피어났다.

　그러던 어느 날 비바람이 몹시 불더니 장미 꽃잎이 우수수 떨어져버렸다. 그런데 전부 떨어진 것이 아니라 어떤 꽃은 모두 떨어졌고, 어떤 꽃은 아직 많이 남아 있었다. 필 때는 순서가 있었지만 질 때는 순서가 없었다.

　사람이 태어날 때는 순서가 있지만 죽을 때는 순서가 없다고 하더니 앞마당의 장미꽃을 보니 과연 그랬다. 결국 나이에 따른 죽음의 순서에 연연하지 말고 어떻게 살 것이냐 하는 문제가 남는다.

　육체는 유한하지만 정신, 영혼은 무한하고 영원하다는 말들을 한다. 모든 종교는 이렇게 영원한 것을 믿으라고 가르친다. 기독교에서는 영혼이 하나님의 나라로 갈 수 있고, 육체도 하늘나라에 함께 있을 수 있다고 말한다. 그래서 시신을 화장하지 않고 매장하는 풍습이 있다.

하지만 불교에서는 육체는 고(苦)의 원인이라고 생각했기에 육체는 죽으면 화장을 하고, 살아 있을 때는 마음을 깨치는 데 주력하라고 했다.

한편 유교에서는 육체는 부모로부터 받은 유산이기에 훼손하지 않아야 하고, 죽으면 혼이 육체와 얼마 동안 함께 있기 때문에 화장하지 않고 매장을 한다. 심지어 삼년상을 지내면서 죽은 부모를 모시기도 했다. 육체도 혼도 영원한 것이 아니며 그저 조상의 뜻과 가문의 역사를 이어가는 것이 중요했기 때문에 자손의 연속을 가장 중요한 의무로 여겼다.

물론 어떤 것을 따르느냐는 선택의 문제다. 정도의 차이는 있지만 어떤 종교도 결코 육체를 가볍게 여기지는 않았다. 육체와 정신을 더불어 생각하지 않으면 안 되는 구조였다.

이런 종교 철학을 바탕으로 나 스스로의 늙음에 대해서 생각해본다. 그리고 젊었을 때의 육체와 정신에 대해서 상기해본다.

젊었을 때 나는 죽음을 실감할 수 없었다. 그러나 팔순을 바라보는 어느 때부터인가 죽음을 실감하게 되었다. 점차 내 몸이 예전처럼 건강하지 않음을 자각하는 순간이 많아졌다. 기억력이 흐려지고, 말을 할 때 적절한 단어가 순발력 있게 튀어나오지 않았다. 등산을 즐기고 몇 시간을 걸어도 피곤한 줄 몰랐는데 언제부터인가 허리가 아프고 관절에 무리가 왔다. 그러면서 아 이것이 늙음에 이르는 징조인가 보다라고 생각하게 되었다. 그리고 늙음은 서서히 죽음의 문턱에 도달한다.

육체와 정신(혹은 마음)에 관한 이원론적인 견해는 둘 중의 어느 하나가 중심이라는 견해로 뚜렷이 대별된다. 그러나 지금까지 살아본 경험으로는 둘 다 서로 밀접한 상관관계를 갖고 있으며, 모두 중요하다.

마음이 중요하다고 주장하는 쪽의 생각은 대체로 이렇다. 육체가 퇴화된 부분은 바꾸기가 쉽지 않다. 아무리 의료 기술과 신약이 발명된다 하더라도 근본적인 치유는 불가능하고 한계가 있다. 하지만 마음은 녹슬지 않고 지속될 수 있다. 형상이 없고 나의 의지에 따라 자유자재할 수 있기 때문이다. 이렇게 시공이 변하더라도 마음은 변하지 않기 때문에 마음이 중요하다는 것이다.

하지만 나는 이것이 절대적이라고 생각하지 않는다. 특수한 경우를 제외하고 육체와 마음은 비례해서 움직인다. 나이가 들면 더욱 확연하게 드러난다.

육체가 늙으면 마음도 늙는다. 물론 어느 정도 수련이 쌓이면 육체의 고통을 극복할 수 있다지만 그것도 어느 선을 넘어서 극한에 도달하면 마음도 여기에 순응할 수밖에 없다. 청장년에는 육체의 정욕을 잘 극복해야 하고 노년에는 육체를 잘 보호하고 훼손하지 않아야 마음도 자유로운 법이다.

플라톤이 말한 "육체는 영혼의 무덤"이라는 말도 나의 이러한 생각과 같은 맥락에서 육체가 영혼의 무덤이 되지 않도록 잘 조절하고 다스려야 한다는 뜻이 아니겠는가.

그렇다고 해서 늙어간다는 것이 마냥 외롭고 쓸쓸하고 회한에 찬 것만은 아니다. 어깨가 축 늘어지고 걸음걸이가 느려지는 것만이 늙음은 아니다.

서정주 시인의 〈국화 옆에서〉라는 시를 떠올려보자.

그립고 아쉬움에 가슴 조이던
머언 먼 젊음의 뒤안길에서
인제는 돌아와 거울 앞에 선
내 누님같이 생긴 꽃이여

늙음에는 이 시구처럼 평화로운 안정이 있고 아름다운 정취가 있다. 늙지 않은 것처럼 젊음을 흉내 내지 않아도 늙으면 늙는 대로 그에 상응하는 멋이 있는 것이다.

어떤 멋이 있을까? 우선 삶을 여유롭게 관조하는 멋이 있다. 젊어서 소홀했던 가족과 친구들을 챙기고 생각하는 여유가 생기며 살아온 세월과 남은 세월을 관조한다. 젊었을 때는 살아온 세월에 대해 돌이켜볼 때 흥분과 좌절이 뒤섞이지만 늙어서 돌아보는 젊음의 추억은 가을날 햇볕을 쬐면 미소 짓는 것 같은 담담한 아취(雅趣)가 있다.

다음으로 젊었을 때의 열정과 열망은 늙으면서 자연히 관용으로 바뀐다. 어떤 말을 들어도 상대편의 입장에서 이해할 수 있고, 저렇게 생각할 수도 있겠구나라는 수용하는 태도가 생기는 것이다.

그리고 무엇보다 늙으면 계율이 없어진다. 계율이 없어진다는 것은 계율을 지키지 않는 것이 아니라 계율을 의식하지 않아도 자연스럽게 계율과 부합하는 경지에 이른다는 것이다. 젊었을 때는 계율을 지켜야 한다고 마음먹고 애써야 하지만, 늙으면 몸으로 짓는 계율은 조금만 노력하면 저절로 지켜지고, 입으로 짓는 업도 줄어들고, 뜻으로 짓는 업도 적어진다. 따라서 신(身), 구(口), 의(意)가 저절로 청정해진다.

끝으로 어떻게 하면 아름다운 노년을 보낼까에 대해서 나의 삶에 비추어 다시 생각해본다.

향기가 있는 노년을 보내는 것은 저절로 그렇게 되는 것은 아니다. 젊었을 때 부단히 자신을 갈고닦은 결과로 가능한 것이다. 육체가 젊었을 때 마음의 훈련을 지속적으로 한 사람의 노년은 육체적으로나 정신적으로 품위가 있는 것이다.

다산 선생이 그 아들에게 보낸 편지 가운데 이런 말이 있다.

늙어서 머리가 하얗게 되는 것은 여러 사람 가운데 눈에 잘 보여서 구별하기 쉽게 하기 위함이요, 귀가 잘 안 들리는 것은 큰소리만 들으라는 뜻이며, 눈이 잘 안 보이는 것은 확실한 것만 보라는 뜻이다.

늙지 않으려고 아등바등하는 것보다 다산 선생처럼 자연의 이치를 따라 늙어가는 것을 긍정적으로 수용하는 태도가 좋다.

사람은 늙으면 젊어서 하고 싶었던 것을 하지 못하고 이루지 못한 것을 후회한다고들 하는데 좋지 못한 태도라고 생각한다. 후회하는 대신 그때는 그게 최선이었고, 그렇게밖에 할 수 없었던 것이라 여기고 마침표를 찍어야 아름답게 늙을 수 있다.

그리고 가장 중요한 것은 늙을수록 의식의 끈을 놓지 않고 어제와 똑같이 사는 것이다.

사람들에게 진심으로 고한다.

늙음 속에 늙지 않음이 있으니 화두를 들든 염불을 하든 사경을 하든 죽는 마지막 그 순간까지 의식의 끈을 놓지 말아야 한다.

4장
더불어 사는 세상을 생각한다

허깨비 놀음

오래전 일이다. 여행을 하다가 타이완에서 설날을 보낸 적이 있다. 타이완의 설날 풍속은 우리와 다른 점이 적지 않았다.

먼저 타이완 사람들은 양력설을 쉬지 않는다. 그리고 음력 설날, 우리가 구정이라고 말했던 날을 설날로 보내고 있다. 타이완 사람들은 설날을 춘절(春節)이라 부르고 대문에 봄 춘 자를 거꾸로 써 붙인 다음 거의 일주일을 쉰다. 그 덕분에 우리 같은 여행자들은 아침저녁으로 식사를 해결하는 데 어려움이 적지 않았다.

타이완을 여행하는 사람들은 잘 아는 일이지만 그들의 설날 풍속은 특이하다. 우리나라의 풍악놀이 같은 민속놀이가 있는데 용 모양을 한 가면을 쓰고 갖가지 북과 징을 두드리면서 아침부터 저녁까지 집집마다 방문해 폭죽을 터뜨리면서 귀신과 액운을 쫓는 놀이를 한다.

나는 밤새도록 폭죽놀이와 북소리, 징 소리로 밤잠을 설치면서 인간의 관습이 참으로 무서운 것이라는 것을 느꼈다.

우주선이 달에 착륙하는 시대에 귀신이 액운을 쫓는다는 믿음으로 벌이는 가면극이 가슴에 와닿는 것은 무슨 연유인가? 결국 인간이란 유한한 존재를 벗어나지 못하기 때문에 자연과 초자연의 그 어떤 힘에 의존하는 잠재의식이 내재하고 있기 때문일 것이다.

사람들은 요행과 행운을 기대하면서 그것들을 모두 비합리적이라고 배척한다. 배척하는 이면에는 한편으로 그 비합리성에 기우는 마음도 있는 것이다.

액귀들이 용 앞에서는 자기 힘을 발휘하지 못하고 물러간다는 생각은 자연 숭배의 하나임에 틀림없다. 자연 숭배는 모든 종교가 미개한 것으로 치부하고 있다. 하지만 그렇다고 해서 과연 숭배를 우리 삶 속에서 완벽하게 버릴 수 있는가?

그것은 그렇게 쉽게 답할 수 없는 문제다. 나는 타이완의 설날 풍속을 보면서 인간이란 결국 가면극의 무대 위에서 주인공을 찾으려고 애쓰는 허깨비 놀음에 불과하다는 생각을 했다.

지금 우리 주변에서도 허깨비 놀음을 쉽게 찾아볼 수 있다. 정치인들의 극한 대립, 계층 간의 갈등, 윤리적인 타락, 금전만능주의 등은 어떻게 보면 가면극의 주인공을 찾지 못하는 데서 벌어지는 일이다.

　그러나 허깨비를 허깨비로 바로 보면 곧 허깨비가 아닌 것이다. 우리 모두 하루빨리 이 허깨비 놀음에서 깨어나야 할 것이다.

현대 한국 사회가 물질만능주의와 금권숭배주의가 팽배해 여기저기서 우려하는 소리가 많다. 조용한 아침의 나라가 소음이 가득한 나라가 되지 않을까 걱정도 하지만, 나는 우리가 그러한 난관을 극복할 힘이 있다고 믿는다.

그래도 아직은 대한민국이 인륜이 지켜지는 나라이기 때문인데 그것은 우리가 모두 제 몫을 알고 분수를 지키는 생활을 숭상함으로써 가능하다.

일부 사람들은 우리 현실을 부정하지만 오뚝이처럼 엎어졌다가 다시 서는 그러한 힘이 우리에게는 있다. 모두가 제 몫을 존중하고 또 남의 몫을 아끼는 그러한 풍토가 남아 있는 사회라고 생각한다.

《장자》를 보면 재미있는 우화가 많다. 그 우화를 읽다 보면, 행복을 달성하는 데는 여러 차원이 있음을 깨닫게 된다.

　〈소요유〉 편에는 대붕과 말매미에 관한 우화가 있다.

　대붕이라는 새는 남국 바다로 옮아갈 때는 날개를 벌려 삼 천 리나 되는 선풍(旋風)을 타고 날개를 흔들면서 구만리 상공에 올라간다. 그리하여 여섯 달이나 걸려서야 남녘 바다에 이르러 쉬게 된다.

　이것을 본 작은 말매미는 나는 재빠르게 일어나 날아서 느릅나무, 박달나무에 있는 데까지 이르려 해도 때로는 이르지 못하고 땅에 떨어지는 수가 있다. 그렇거늘 구만리 상공에 올라 남쪽 바다까지 난다는 것은 터무니없는 것이 아닌가라고 비웃는다.

　대붕과 말매미는 서로 능력이 다르다. 대붕은 수만 리를 날아갈 수 있는데 말매미는 나뭇가지 사이를 가까스로 날 수 있을 뿐이다. 그러나 양자는 자기가 할 수 있고 자기가 하기 좋아하는 일을 할 때 둘 다 행복하다.

　대붕은 말매미를 따라갈 수 없고 말매미는 대붕을 쫓아갈 수 없다. 다 같이 자기의 직분이 있는 것이다. 자기 직분에 충실할 때 행복이 있다.

　오리 다리가 비록 짧지만 이어주면 걱정거리가 되고 학의 다리가 비록 길지만 끊으면 슬픈 일이다. 그러므로 본성이 긴 것은 잘라서 안 되고 본성이 짧은 것은 이어서는 안 된다.

우리의 삶에서 행복도 이 같은 것이다. 남의 것은 부러워하지도 말며 오직 나에게 주어진 몫을 다할 때 내가 주인이 되어 행복하다.

또다른 대학의 길

입시 전쟁은 끊임없이 이어진다. 넓게 보아 인생이라는 하나의 큰 수련장이기도 하지만 입학 허가는 성적의 우열에 의해 당락이 결정된다. 대학을 가고자 하는 고등학교 졸업자는 많고 대학의 문은 좁으니 자연히 경쟁이 치열해지고 사회 문제로 비화되기도 한다.

내가 어렸을 적에는 한 동네에서 중학교를 다니는 학생 한둘을 찾기도 어려웠다. 이제는 웬만한 집안의 자녀라면 전부 대학을 가야 한다는 것이 당위처럼 되고 말았다.

혹자는 한국의 발전을 고등 교육의 확장에 있다고 말하기도 한다. 비록 대학을 졸업해 그에 상응하는 직장을 갖지 못해서 고등 인력에 누수가 발생한다 하더라도 대학 교육은 더 확산되어야 한다는 지론을 펼치는 것이다.

한편에서는 그 많은 교육 투자를 통해 고등실업자들을 양산할 것이 아니라 꼭 필요한 인력만 대학에서 교육시켜야 한다고 주장한다. 이들의 주장은 대학을 취직 보증서를 발급하는 기관 정도로만 취급하는 말이다.

이 둘의 주장 중 어느 쪽이 더 합리적인가? 문제의 초점은 이것이다. 과연 대학이 취직을 보장하는 기능적 차원으로만 존재하는 것이 옳은가 하는 문제다. 물론 대학은 취직도 목적으로 하고 있다. 그러나 그것만이 전부는 아니다. 대학은 심오한 학문의 정수를 배우고, 창의적인 사고와 다원화된 가치를 훈련받는 곳이기도 한 것이다.

옛 어른들의 대학관(大學觀)은 《대학》이라는 책에 잘 나타나 있다.

대학의 도는 명덕(明德)을 밝히는 데 있으며, 백성을 새롭게 하는 데 있으며, 지극히 착한 데 그침이 있다.

주자는 여기에 대해 다음과 같은 주석을 달았다.

대학이라는 것은 대인의 학문이다. 명덕을 밝힌다는 것은, 명덕은 사람이 하늘에서 얻는 것으로 허령하고 어둡지 않아서 모든 이치를 갖추어 만사에 응용하는 것인데 다만 기품의 구

146

애와 인욕에 의해 가끔 어두워지는 수가 있으나 그 본체의 밝은 것은 언제나 쉴 때가 없다. 그러므로 배우는 이는 마땅히 명덕을 밝혀서 그 처음을 회복해야 한다.

여기서 명덕은 마음의 근본을 말한다. 동양적 대학의 진정한 의미는 직능을 위주로 하는 기능에 있지 않고, 마음의 허령불매(虛靈不昧)를 잃지 않고 인욕의 사리에 꺼둘리지 않는 수양의 공부다. 물론 이러한 윤리적이고 도덕적인 대학관은 서양의 지식 추구의 대학관과 비교할 때 과학 발전의 미아로, 전근대적이라 취급받을 수도 있다.

하지만 현대 같은 혼돈의 시대는 그 의미를 새롭게 음미해 볼 필요가 있다. 확실히 현대는 산업 사회의 구조 속에서 전문인이 요구된다. 유용한 인간만 중시하다 보니 인간은 기계의 부품처럼 취급받고 기계적 조작의 대상으로 전락하고 말았다. 따라서 진정한 의미의 대학을 만들어 나가려면 현대 사회에서 필요로 하는 효용적 직능인을 기르는 것 외에도 전인적 인격을 함양하게 만들어 마음을 밝히는 일에도 지대한 관심을 가져야 한다.

오늘날 대학 교육은 절름발이 교육을 하고 있다. 전문적인 탁월한 기능을 보유한 직능인도 만들 수 없고 그렇다고 동양적인 의미의 대학인으로서 전인적이고 도덕적 가치를 존중하는 윤리적 인간도 만들지 못하고 있다.

여기에 우리의 고민이 있으며, 첫 번째 질문으로 돌아가게 된다. 과연 대학을 꼭 가야 하는가? 대학을 적성에 맞춰서 학과를 선택해 가는 것은 좋은 일이다. 그렇다고 모든 사람이 그러한 교육에 공통적으로 만족할 수 있는 것은 아니다. 그렇게 되려면 전인 교육이 수반되어야 하는 것이다. 진정한 대학 교육을 위해서 우리는 학문의 본령인 인간적 완성과 직능적 수련을 동시에 추구해야 한다.

대학은 우리에게 필요한 전문적 학문을 수련하는 도량이다. 그러나 진정한 의미의 대학은 우리의 윤리적 가치를 향상시키고 인간적 가치를 고양시키는 훈련을 함께할 수 있는 곳이어야 한다. 그것이 또 하나의 대학의 길인 것이다.

폭력과 자비

북한의 김정은 정권은 거듭되는 핵 실험을 통해 동북아와 한반도의 안위를 위협하고 있으며 서구 선진국들은 테러의 위협 속에서 불안한 나날을 보내고 있다. 우리는 세계 도처에 남아 있는 폭력과 테러리즘을 지구촌에서 몰아내는 인류의 문명적 계몽을 다시 시작해야 할 시점에 와 있다.

역사적으로 테러리즘과 대량 살상 무기에 의해 정권을 유지한 독재자들은 북한의 김 씨 일가만 있는 것은 아니었다. 아돌프 히틀러의 나치스 독일, 소련의 스탈린 등이 그러했으며 일본의 적군파, 서독의 바더 마인호프, 팔레스타인의 알 파타 등도 그런 부류들이었다. 그러나 이들은 세계의 자유 이성에 의해서 몰락의 운명을 맞이했다.

인류의 공적인 이 같은 폭력과 테러 집단을 사라지게 만들려면 군사적이고 정치적인 노력만으로는 온전하지 못하다. 인류의 건전한 양심을 회복하고, 참된 모습을 찾는 반성과 실천이 필요하다.

석가모니는 인간에 대한 절대 긍정주의자였다. 인간은 결코 근본악이라는 것을 가질 수 없으며, 반대로 본질이 근본선이라는 가르침을 펼쳤다. 인류는 언제까지나 대립할 수 없으며, 서로 투쟁하는 상대가 아니다. 한 뿌리에서 나와 언제나 화해할 수 있는 동질성을 가진 존재라고 주장했으니, 그것이 바로 자비라는 개념으로 이어진다.

자비(慈悲)는 자(慈)와 비(悲)라는 두 단어의 합성인데, 자는 누군가를 돕는 사랑의 마음이고, 비는 상대방의 아픔을 함께 느끼는 마음이다. 이것은 모두 테러 같은 폭력의 반대되는 개념이다.

석가모니는 12월 8일 새벽 동쪽 하늘에 샛별이 떠오르는 찰나에 생과 사의 근본 종자인 무명의 뿌리가 끊어지면서 홀연히 깨달음을 얻었으니 그것을 정각(正覺)이라고 한다. 석가모니는 깨달음의 순간 다음과 같은 감탄의 말을 설파했다.

아, 놀랍도다. 모든 중생이 다 이 같은 지혜와 덕상을 갖추었건만, 다만 망상에 집착되어 스스로 체득하지 못하는구나. 만일 이 망상의 집착만 벗어난다면 바로 일체의 지혜, 자연의 지혜,

스승 없는 지혜를 얻게 되는 것을.

인간은 누구나 망상만 버리면 곧 정각을 얻는다는 것이다. 이 정각의 위치에서 본다면 인간은 모두 동일성을 갖고 있고, 차별이 없는 존재다. 누구나 완전한 지혜를 갖춘 붓다다. 그러나 망상으로 인해 차별이 있고, 이 차별이 곧 투쟁의 근원이 되는 것임을 알아야 한다.

따라서 폭력은 이러한 망상이라는 무지와 무명에서 비롯되는 것이다. 특히 소유의 망상이 위험하다. 어떤 현학적인 이념일지라도 이익을 독점하기 위한 무기로서의 사상이라면 폭력으로 이어지는 망상에 불과한 것이다.

핵 위험이 가중되고 테러가 만연한 오늘날, 불교의 자비사상을 통해 인간 존중의 계기가 확충되고 인간의 근원성을 되찾을 때, 현대의 폭력과 테러리즘은 새로운 지평을 맞이하며 점차 소멸될 것이라고 믿는다.

역사는 언제나 긍정의 면과 부정의 면 두 방향에서 관찰할 수 있다. 가치 측면에서 긍정과 부정은 등가(等價)다. 긍정과 부정이 화해할 때 우리는 그것을 평화, 단합, 합일, 원융(圓融)이라고 표현한다. 그러나 긍정과 부정의 어느 하나가 다른 하나를 이기고 전부 소멸시킬 때는 파괴와 투쟁이 지속된다. 함께 사는 길을 모색하는 것이 가장 고귀한 가치 실현이다.

오래전 〈미션〉이라는 영화를 본 적이 있다. 이 영화는 두 크리스천이 걷는 길을 잘 묘사했다. 한 사람은 원주민을 보호하기 위해 총을 들고, 포르투갈 군인들과 싸우다 죽는다. 한 신부는 오직 십자가만을 들고, 무저항으로 대항하다 죽어간다. 하나는 폭력으로 대항하고, 하나는 비폭력으로 하나님의 사랑을 실천하다 죽는 것이다.

이들은 모두 압박받고 고통받는 원주민의 인권을 위해 왕권에 도전해 자신을 희생한다. 긍정과 부정이 모두 힘 앞에서 소멸되지만, 원주민의 자손인 어린아이들은 폭포 위의 숲속으로 다시 들어가 그곳에서의 삶을 지속한다.

이 사건을 교황에게 보고하는 추기경의 마지막 말은 무척 인상적이었다.

두 신부는 죽었고, 나는 살았지만 사실은 나는 죽었고, 두 신부는 살았다. 둘의 영혼은 영원하기 때문이다.

우리는 모두가 눈앞에 보이는 것에만 높은 가치를 두고 그것만으로 모든 일을 해결하려고 한다. 그러나 있는 것은 없는 것을 바탕으로 해서 있는 것이다. 결코 어느 하나만이 어떤 존재를 결정하는 것은 아니다. 하늘이 있음으로 땅이 있고, 위가 있으므로 아래가 있다. 손바닥이 있으므로, 손등이 있는 것이지 손바닥 없이 손등이 있을 수는 없다.

사물을 볼 때 한 측면에서만 보는 데서 독단이 나오고 아집과 독선이 발생한다. 이 세상에 있는 것은 모두가 그만한 이유가 있어서 일어나고 있게 되는 것이다.

우리는 일상생활에서 종종 다른 사람의 비난과 오해, 질투와 시기를 받는 경우가 있다. 물론 이런 경우 대부분이 정당한 이유에서가 아니기는 하겠지만 그렇다고 나를 비난하는 사람들을 나만 옳다고 무조건 비난할 수만은 없다.

곰곰이 생각해보면 나를 비난하는 것은 나에게도 비난받을 만한 이유가 어딘가 조금은 있을 수 있기 때문이다. 비난받는 그 점을 내 속에서 스스로 반성하고 마음을 돌이킬 때 나 자신의 승리가 되는 것이다.

우리 주변에서 일어나고 있는 모든 투쟁과 갈등은 나만이 제일이라는 아집의 소치다. 가만히 생각해보자. 나라는 것이 과연 영원한 것인가? 나는 과연 고정불변한 것인가? 나라는 것은 갈대와 같이 무한히 변하는 것이다.

그렇다면 나란 누구인가? 변화 속에서 변하지 않는 나란 무엇인가? 변화하지 않는 나가 따로 있는 것은 아니다. 변화의 나를 알면 바로 그것이 진정한 나인 것이다. 나와 나의 대립, 그것이 곧 현실의 갈등이다. 이것을 극복하기 위해 우리는 보이는 것과 보이지 않는 것을 이해해야 할 것이다.

보이지 않는 것도 보이는 것만큼 가치가 있음을 주지해야 한다. 우리가 변하는 것이 아니라 보이지 않는 영혼에 더 깊은 가치를 둔다면 길고 긴 분쟁과 다툼에서 벗어나 진정한 화해의 씨앗을 찾을 수 있을 것이다.

상
대
방
을
인
정
하
라

인간관계의 원만한 실현은 누구에게나 중요한 문제다. 원만한
관계가 비단 처세술이라기보다 그것 자체가 인간관계에서 매우
바람직한 덕목이고, 삶에서 여러 가지 아름다운 꽃을 피워내
기 때문이다.

  아름다운 우정 관계를 관포지교(管鮑之交)라고 말하기도
한다. 《열자》라는 책의 〈역명〉 편에 두 사람에 관한 이야기가
실려 있다.

  관중과 포숙, 두 사람은 서로 매우 친한 벗으로 지내왔다. 함
  께 제나라에 살면서 관중은 공자 규를 섬기고, 포숙은 소백을
  섬겼다. 제나라의 왕실은 반란을 두려워해 공자들의 신변이

위험에 처하게 되었다. 그래서 관중은 소홀과 함께 규를 모시고 노나라로 도망을 갔고, 포숙은 소백을 모시고 거나라로 도망갔다.

그런 후에 손무지가 반란을 일으켜 제나라에는 임금이 없게 되었다. 두 공자는 먼저 제나라로 들어가려고 다투었는데, 이 과정에서 관중은 소백을 활로 쏘았다. 그러나 천운이 있었는지 소백의 허리띠에 맞아 목숨을 구했다. 소백이 제나라의 임금에 오른 다음 그는 노나라를 협박해 공자 규를 죽이도록 했다. 소홀 역시 죽임을 당하고, 관중은 끌려와 감옥에 갇혔다. 관중 역시 죽을 위기에 처했는데, 포숙이 제나라 환공이 된 소백에게 말한다.

"관중의 능력은 한 나라를 다스릴 만합니다."

"관중은 원수니 그놈은 반드시 죽여야 합니다."

"제가 들건대 현명한 임금에게는 사사로운 원한이 없다고 합니다. 또한 어떤 사람이든 그가 자신의 임금을 도울 능력이 있다면 역시 다른 임금도 보필할 수 있을 것입니다. 임금님께서 만약 패왕이 되고자 한다면, 관중의 힘 없이는 불가능하니 반드시 그를 풀어주셔야 합니다."

그 결과 마침내 관중을 초청해 노나라로부터 제나라로 돌아오게 했다. 포숙은 교외까지 나아가 그를 마중했고 묶인 몸을 풀어주었다. 환공은 그를 예로 맞아들이며 높은 자리에 앉혔다. 그때 포숙은 관중을 그의 자리보다 높은 자리에 앉도록 하고, 환공은 마침내 패업을 이루었다.

관중은 후일 탄식하며 말했다.

"내가 젊어서 곤궁했을 적에 일찍이 포숙과 함께 장사를 한 일이 있었는데 이익의 대부분을 내가 차지해도 포숙은 나를 탐욕스럽다 여기지 않았고, 내가 가난한 때문이라고 말해주었다. 나는 일찍이 포숙을 위해 일을 크게 꾀하다가 크게 곤궁한 처지에 빠졌으나 포숙은 나를 어리석다 여기지 않고 때가 이롭지 않다고 알아주었다.

나는 일찍이 세 번 벼슬을 했는데 세 번 모두 임금에게 쫓겨났으나 포숙은 나를 못났다고 여기지 않고 내가 여전히 때를 만나지 못했기 때문이라고 이해해주었다.

나는 일찍이 세 번 싸워 세 번 도망했는데 포숙은 나를 비겁하다 여기지 않고 나에게 늙은 어머니가 계신 때문이라고 알아주었다.

공자 규가 실패하자 소홀은 거기에서 죽었고 나는 갇혀 욕을 보았으나 포숙은 나를 수치를 모르는 자라고 여기지 않고 이름이 천하에 드러나지 않는 것을 치욕으로 여기고 있다고 알아주었다.

나를 낳아준 분은 부모님이지만 나를 알아준 사람은 포숙이다."

여기서 우리가 교훈으로 삼아야 할 것은 마지막 말이다. 남자는 자신을 알아주는 사람을 위해 목숨을 바친다는 말도 여기에서 나왔다. 우리는 남을 칭찬하고 남을 인정해주고 남을 높여주는 데 인색할 때가 많다.

사람은 누구나 능력의 차이가 다소 있을망정 대동소이한 인품과 자질을 갖고 있다. 따라서 그 능력이 충분히 발휘되도록 하려면 그 사람의 생명력을 충동질해야 한다. 그 충동질하는 작업이 바로 그 사람을 인정하고 칭찬하는 것이다. 또한 자신이 타고난 자질과 개성이 아무리 뛰어나더라도 그것이 제대로 발휘되려면 먼저 원만하게 다듬어져야 하는 법이다.

복잡하게 얽혀 있는 이 사회를 욕구와 욕망이 서로 충돌하지 않고 원만하게 살아가려면 바닷가의 돌이 파도에 깎이고 부드러워지고 각이 없어지듯 우리 역시 자연의 법칙을 따라 각이 없이 살아야 반짝반짝 윤이 나게 살 수 있다.

항상 남을 인정하고 장점을 발견하고 칭찬하는 태도가 원만한 대인관계의 지름길이다.

기성세대가 청춘을 아프게 한다

김난도 교수가 쓴 《아프니까 청춘이다》는 대단한 베스트셀러로 젊은이들에게 큰 인기를 끌었다. 평생을 캠퍼스에서 젊은이들과 함께 생활한 나에게도 공감이 가는 대목이 많았다. 청춘의 일상과 고민을 담고 있는 부분에는 절로 고개를 끄덕이게 된다. 김 교수의 따뜻한 시선으로 적힌 글이 스펙 쌓기와 경쟁에 찌든 우리 시대의 대학생들에게 자상한 길잡이 역할을 하는 것으로 보인다.

우리는 젊은 날을 어떻게 보내야 하는가에 대한 대답을 어느 정도 갖고 있다. 이십 대에 투자한 시간과 열정의 크기에 따라 인생이 달라진다. 피시방에 앉아 디지털 유목민이 되어 밤을 새우고, 클럽 같은 곳에서 끼리끼리 날이 샐 때까지 어울려

다니는 일보다 여행을 떠나는 게 더 좋은 경험이 되리라는 것을 알고 있다. 젊은 날의 독서가 인문학적인 사고력과 통찰력을 쌓고 인생의 긴 승부에서 유력한 자산이 될 수 있다는 것도 경험을 통해 알고 있다.

그러나 누구도 독서하라, 여행을 떠나라, 글은 힘이 강하다는 얘기를 청년들에게 불쑥 꺼내기가 여의치 않다. 스펙 쌓기에 여념이 없는 아이들에게 어학연수가 아닌 순수한 여행은 그림의 떡이다. 취업난에 시달리고 융자받은 학자금을 갚기에도 빠듯한, 현실의 단단한 벽에 둘러싸인 젊은이들의 현실을 도외시한 조언은 무의미하기 때문이다.

스펙 쌓기의 시대는 누가 만들었는가? 몇 년 전만 해도 국어, 영어, 상식, 여기에 논문을 더하면 전공이나 학점과 무관하게 어느 직장이든 공채 시험에 응시할 수 있었다. 그런데 길어야 십 수 년 사이에 스펙이 지배하는 시대가 열렸다. 숱한 청춘이 토플, 봉사 활동, 자격증 취득, 해외 연수로 스펙 쌓기의 광풍이 부는 시대에 뒤처지지 않기 위해 동분서주하고 있다. 하지만 그런 스펙의 시대는 또 얼마나 갈까? 벌써 그 위력이 예전 같지 않다고 한다.

우리나라도 선진국 제품을 흉내 내기만 하던 시절을 살고 있지 않다. 세계 일류 기업들과 경쟁하려면 새로운 인재상이 필요하다. 스펙에 얽매이지 않는 협력, 협동, 창의적 역량을 갖춘 인재가 필요하다.

우리 청춘들은 기성세대가 만들어놓은 스펙 지향적인 구조를 벗어나, 새로운 시대적 요구를 잘 읽어야 한다. 창의성의 원천이 되는 인문학적 소양이나 예술적 감성을 쌓는 데 노력을 기울여야 한다.

이래저래 청춘은 휴식이 없다. 꽃을 피우고, 열매를 맺어야 하는 인생 시계의 준비 기간이기 때문에 그러할 것이다. 다만 아프니까 청춘이다라는 말로 어설프게 청춘들을 위로하려고 들거나 사회 구조적인 문제를 덮어두고 지나갈 것이 아니라 우리 기성세대의 그릇된 관행들이 힘들고 아픈 청춘을 더 아프게 하고 있는 것은 아닌지 진지하게 돌아봐야 할 것이다.

대학은 지식과 삶이 공존하는 학문 연구의 공간으로 문화적 교양인을 기르고, 글로벌 인재를 양성해야 하는 고등 교육 기관이다. 우리나라 대학들은 과연 기능을 잘 수행하고 있을까? 외국 대학들을 보면서 부러움을 느낄 때가 적지 않다.

학부생이 채 칠천 명이 안 되는 하버드대학교에서 십일 퍼센트에 해당하는 팔백 명의 학부생이 수강하는 매우 인기 높은 학과가 있다고 한다. 바로 정치철학이라는 과목이다. 정치철학은 단순히 전문 지식만 전달하는 것이 아니라 논리력과 사고력, 통찰력과 분석력을 기를 수 있는 인문학이라는 이유에서 학생들이 몰리고 있다고 한다.

우리 대학의 풍토와는 상당히 대조적이다. 인문학과를 하나씩 폐과하고, 기업들이 원한다고 해서 휴대폰학과, 초고층학과 같은 기업 수급형 학과만 우후죽순처럼 개설하고 있다. 산학 협력의 긍정적인 측면을 고려해야 하고, 팔십팔만 원 세대라는 아이들의 미래가 잔뜩 불안한 상황에서 어쩔 수 없는 선택이라고 이해해보려고 하지만 씁쓸한 뒷맛을 감출 수 없다.

지식의 권위는 변한다. 이삼백 년 전만 해도《천자문》,《사서삼경》,《사기》같은 역사서를 공부했다. 이러한 학문 체계만으로도 훌륭한 지식인이 될 수 있었고, 사회의 리더 역할을 충분히 할 수 있었다.

내가 대학을 다니던 불과 사오십 년 전만 해도 영어 시사 주간지인 〈타임〉지나 〈뉴스위크〉를 옆구리에 끼고 다녔으며 임마누엘 칸트, 장 폴 사르트르, 마르틴 하이데거, 프리드리히 니체 등을 모르면 대화 자리에 낄 수 없는 무지렁이 취급을 받았다.

우리 시대는 인문학이 우리가 일상을 살아가는 데 얼마나 실용적인 지식인가를 굳이 따지지 않았다. 무엇을 전공하든 진정한 경쟁력이란 치밀한 논리력과 탁월한 분석력, 총체적 통찰력에서 나온다고 생각했기 때문이다.

물론 이런 학문적 가치 체계가 지금 시대에 유효한지 보다 더 심도 있는 논의가 필요하다. 실용적 과학이 주류를 형성하고 있는 사회에서 인문학적 소양은 고리타분하고 한가한 얘기로 들릴 소지도 충분하다.

그러나 대학은 사람에 비유하면 평생을 살아갈 기초 체력을 기르는 곳이다. 대학 사 년은 사회 각 분야로 나아가기 전, 스스로의 경쟁력을 배양하고 완성시켜 나가는 응축의 시간이다. 내가 아는 어떤 이는 책을 손에서 떼지 않고 살았는데도 직장 생활 20년의 독서량이 대학 사 년 동안의 독서량에 미치지 못한다고 한탄할 정도다. 직장 생활의 독서는 한계가 있다는 것이다.

그리스 철학자 아리스토텔레스는 인간이 배워야 할 학문의 영역을 형이상학과 윤리학, 생물학으로 분류했다. 후일 형이상학과 윤리학은 인문학의 기초인 철학으로 발전하고, 생물학은 과학으로 분화한다.

아리스토텔레스는 형이상학과 윤리학이야말로 인간 사유 능력에 대한 기초를 제공하고, 영혼과 행동에 기본적인 윤리의식을 심어주는 학문, 즉 인문학의 기초라고 했다.

내가 대학과 인연을 맺은 것은 사십 년이 넘었다. 인생은 백 미터 단거리 경주가 아니다. 마라톤 같은 긴 여정이다. 산에 오르는 것처럼 오르막과 내리막이 수없이 교차한다. 그런 인생길에서 진정한 경쟁력은 인간에 대한 폭넓은 이해와 사물에 대한 종합적인 통찰력, 판단력이었다. 이것은 모두 인문학이 부여한 힘이었다.

앞으로 인간 수명이 더욱 길어져 장수 시대가 예고되고 있다. 제1, 제2의 인생은 물론이고 제3의 인생까지 살아야 할 시대가 도래하고 있다. 초반부터 속도를 낸다고 좋은 일이 아니다. 인문학의 경쟁력은 나이가 들수록 시간이 흐를수록 빛을 발하고, 그 힘을 배가한다.

우리 젊은이들이 앞으로 대학에서 무엇을 전공하든 인문학 분야에 도전해 마라톤 같은 삶을 살아갈 기초 체력을 기르기를 바란다.

침몰하는 대한민국을 다시 설계하자

"웃고 나가더니 왜 이렇게 돌아왔어? 추웠니? 무서웠나 보네. 엄마한테 와." 엄마의 이 한마디가 우리 모두의 말이다. 아이는 여행을 떠나면서 얼마나 가슴 설레고 기뻤을까? 그런데 차가운 시신으로 돌아온 아이를 보았을 때 엄마는 그저 가슴에 안고 싶은 모정뿐이었다. 이제 눈물도 메말라버렸다.

내 자식의 일이요, 나의 일이다. 이렇게 가슴이 메어지고, 한숨만 쉬어지는 것은 그들을 위해 아무것도 할 수 없는, 나이만 먹은 사람의 미안함일까? 정말 너희들에게 미안하다. 이런 나라를 만들어준 것이 정말 미안하다.

천재(天災)라면 모르지만 확연한 인재(人災)의 요소가 있지 않은가? 우선 바다를 잘 알고 자녀를 두고 있는 선장과 승조원

들이 승객을 남겨둔 채 그들만이 맨 먼저 구명보트에 탄 다음 생존하는 데 필사적이었다는 것에, 같은 나이 먹은 어른으로서 마치 내가 저지른 일같이 가슴이 미어지는 참괴(慙愧)를 느꼈다.

우리 세대의 사람들이 겨우 이 정도의 도덕의식과 책임감 밖에 가지고 있지 않은가? 나 자신이 참 비루해진다.

우리 세대는 이차 세계대전을 겪었고, 한국전쟁을 경험했다. 베트남전쟁에도 참전했다. 그리고 산업화, 민주화를 거쳐 선진국의 문턱에 와 있다. 세계 10대 무역 국가의 하나가 되었고, G20에도 당당히 들었다. 국민 일인당 국민소득은 삼만 달러를 바라보고 있다. IT 강국이요, 세계에서 손꼽히는 자동차 수출국이다. 그런 나라에서 이게 대체 무슨 일인가?

선진국이라면 무엇보다 인간의 생명을 존중하고, 한 사람 한 사람의 생명의 가치를 지키기 위해 국가도 존립하고 국가, 사회 모든 제도와 안전망이 구성되어 있는 것이다.

그런데 우리는 무늬만 선진국형이지 내용은 공허하다. 우리는 이런 일을 맞아 참담함을 느끼고 자책만 할 것이 아니라 잘못을 총체적으로 어떻게 고칠지 반성해야 한다.

그저 국가를 탓하고 사회를 탓하고 이웃을 탓할 것만이 아니라, 나로부터 시작해 무엇이 잘못되었는지 곰곰이 절박한 심정으로 살펴봐야 한다.

우리 민족은 역사적으로 구백 회가 넘는 외침을 받아왔지만 잘 극복하고 살아남은 민족이다. 근세만 하더라도 일제 강점

기를 이겨내고, 냉전이라는 이념의 울타리에서 남북으로 갈라지고 아직도 북한의 남침 위협에 시달리며 전쟁 중인 휴전 국가이지만 산업화와 민주화라는 두 마리 토끼를 모두 잡았다.

대한민국은 4·19와 5·16이라는 역사적 사건을 거치면서 이런 성과를 거뒀다. 5·16 이후 민족중흥이라는 기치 아래 보릿고개를 없애려고 산업화를 시작했다. 그 과정에서 정치적 민주화가 일시 중단되는 불행을 겪기도 했다. 그 때문에 민주화를 열망하는 세력과 산업화 세력 간에 부단한 갈등이 이어졌다.

민족 자본이 없었던 우리는 산업화 과정에서 정경유착이 이뤄졌고, 그 가운데 부정부패와 배금주의 사상이 뿌리내렸다. 핵가족화로 인해 전통적인 가족주의가 일부 상실되기도 했다.

산업화 세력은 독재 세력과 결탁하고, 민주화 세력은 민중과 인권 세력으로 통합했다. 이러한 과정에서 사회적 갈등이 깊어졌다. 계층, 이념, 세대, 지역의 갈등은 국가가 발전하는 데 큰 장애로 대두되었다.

우리 국민은 무엇을 보고 살았던가? 산업화 독재 시대에는 정경유착과 부정부패가 만연하는 것을 보았다. 민주화가 되면서 정경유착의 고리를 끊기 위해 재벌들을 처벌했으나, 경제 발전의 기여를 참작해 국가에 재산 일부를 헌납하고 모두 풀려나왔다. 이때부터 국민들은 돈이면 모든 죄도 용서받는다는 물신주의가 싹텄고, 금권만능주의가 만연했다.

이때부터 민주화와 인간 중심적인 가치의 바탕이 되는 인격과 자존심이 점점 망가진 것이다. 인간의 기본 가치인 생명 존엄과 평등, 자존감은 물질만능주의의 금권력 앞에서 힘없이 무너져간 것이다. 이러한 변화가 오늘 같은 참사를 초래했다.

세월호의 실질적인 선주가 바로 산업화 마인드로 회사를 운영하다 이런 참사의 중심에 서게 된 것이라고 생각한다.

하지만 여기서도 희망의 씨앗은 발견할 수 있다. 세월호 승조원 박지영 양은 22세의 나이로 어린 학생들에게 구명조끼를 입히고 자신은 마지막까지 구명조끼를 입지 않은 채 희생했다.

사고 당일 진도군 조도면 청년회장 정순모 씨는 어민 백여 명과 사십여 척의 배를 동원해 바다에 떠 있는 학생들을 구했다. 단원고등학교 이학년 담임 남윤철 교사는 기우는 선실 비상구에서 제자들에게 구명조끼를 던져주고 선실 밑으로 내려가 제자를 데려오다가 결국 빠져나오지 못했다. 박호진 군은 쓰러진 자판기에 끼여 있던 다섯 살 여자아이를 안고 나와 아이부터 구명보트에 올라타게 했다. 또한 국민들은 전국적으로 위문품과 위문편지를 보냈으며, 자원봉사자들은 만 명도 넘게 모여 희생자와 그 가족들을 위해 헌신했다.

우리는 가슴 아프지만 이 일을 대한민국의 룰을 다시 짜는 기회로 삼고, 무너진 가치관의 기본 의식을 바로 세워야 한다. 무엇보다 법을 존중하고, 법을 지키고, 그 법을 훈련하는 국민으로서 다시 탄생해야 할 것이다.

오래전 홍콩중문대학에서 개최하는 9차 국제퇴계학술회의에 참석할 기회가 있었다.

그 회의에는 우리나라를 비롯해 미국, 일본, 홍콩, 타이완, 중국 등 백여 명의 동양학자들이 한자리에 모여 퇴계 선생의 학문을 토론했는데, 그 광경을 지켜보던 나는 절로 감개무량한 심정이 들었다.

8차까지는 중국과 무관한 나라, 주로 한국이나 타이완, 미국 등지에서 개최되었으나 내가 참석했던 9차 회의는 홍콩에서 열린다는 점에서 더욱 의미가 깊었다.

알다시피 퇴계는 16세기 조선의 위대한 성리학자다. 그의 이기론은 송나라 정주의 이기론을 받아들여 우주, 심성, 수양

론으로 발전시킨 것이다.

심성론은 사단칠정에 대한 심오한 분석과 탐색으로 인간 존엄성을 고취시켰고, 이존기비의 사상은 인욕을 억제하고 천리를 지키는 절대주의적인 윤리학을 성립시켰다.

이러한 사상은 오늘날까지 귀중한 사상적 보고로 후학들의 귀감이 되고 있다. 중국의 학자들은 퇴계와 주희의 철학을 방법론적으로 비교하거나 두 학자의 지행학설을 비교 연구하는 등 다각도로 퇴계의 학문을 연구해 논문을 발표했다. 그 모습을 보니 한국 동양 철학의 수준이 세계적이라는 것을 가늠해볼 수 있었고, 성리학이 여전히 동양에서 유효한 사상이라는 것을 명백히 확인할 수 있었다.

중국 학자들은 십여 명이 참석했는데, 그중 C라는 교포 교수를 만났다. C는 베이징대학교 철학과 교수였으며 성격이 매우 활달한 편이었다. 어떻게 그렇게 한국말을 잘하느냐고 묻자 C교수는 중국에 사는 조선족이라고 밝혔다.

C교수는 한국인이라는 긍지와 자부심으로 가득 차 있었다. 그에게 소수 민족에 대한 차별은 없느냐고 묻자, C는 우리 선조가 항일 투쟁에서 흘린 피 덕분에 아주 떳떳하게 한국인의 언어와 풍속을 잃지 않고 살 수 있다고 자신 있게 대답했다. C교수의 빛나는 눈망울을 보면서 한편으로는 위대한 학자인 퇴계를 연구하는 조국이 있기에 또한 한국인으로서의 긍지를 갖고 살아가는 것이리라 생각했다.

한 민족의 역사와 문화는 민족의 긍지를 만들어내고 그것이 또한 그 민족을 부강하게 만드는 것이다. 우리 후손들에게 한국인의 긍지를 고취시키는 것이 얼마나 중요한가를 새삼 느끼게 되었다.

시가 있는 교육,
시가 있는 사회

프랑스에서는 고등학교를 졸업할 때까지 자국의 명시를 백 편이상 외우게 한다. 우리나라에서도 이를 본받아 시를 외우게 하는 중고등학교가 있다는 보도를 본 적이 있다. 모범적이고 훌륭한 학교라고 칭찬할 만하다.

중국에서는 전통시를 주로 당시(唐詩)라고 한다. 당나라 때 두보, 이백, 백거이 같은 시인들, 문인들의 활동이 두드러졌고, 그들이 쓴 주옥같은 시편들이 오늘까지 많은 사람의 사랑을 받고 있기 때문이다. 중국에는 좁은 골목을 지날 때, 이층에서 화분을 떨어뜨리면 열에 여덟은 시인이 맞는다는 우스갯소리가 있다. 중국인이라면 누구라도 시를 읽고 쓸 줄 알기 때문이다.

모든 시인이 사랑과 존경을 받는 부러운 사회다. 우리 사회도 많은 젊은이가 문학소녀와 문학청년을 꿈꾸며 한때를 보낸 세대가 있었다. 작은 도회지에서도 예술회관 같은 곳에서 시 낭송의 밤, 문학의 밤 같은 행사가 숱하게 열렸고, 행사장은 교복을 입은 학생들로 차고 넘치던 시절이었다. 버지니아 울프와 목마를 타고 떠난 숙녀의 옷자락을 이야기하던 시대였다.

지금은 시인의 시대가 아니라 연예인의 시대다. 초등학생부터 너도나도 연예인을 동경하고, 연예인이 되고 싶어 한다. 연극영화과는 백 대 일에 가까운 경쟁률을 자랑한다. 이런 세태의 영향인지 연극영화가 있는 대학은 분위기부터 밝고 화사하다. 이를 무조건 탓하려는 것은 아니다. 세상은 변하기 마련이고 거기에 걸맞게 아이들의 꿈이 달라지는 것은 당연하다.

쾌속 세대로 불리기 시작한 우리 젊은이들은 예전에는 꿈도 꾸지 못했던 것을 일궈내고 있다. 피겨 스케이팅에서 김연아의 완벽한 연기가, 모태범의 오백 미터 쾌속 질주가, 이승훈의 만 미터의 끈기가 백 마디 말을 무색게 하는 새로운 한국을 보여주고 있다. 세계와 경쟁하고 이길 수 있는 실력을 갖추는 것이 진정한 글로벌이다. 우리 아이들이 참으로 장하다.

그러나 여기에서 멈춰서는 안 된다. 정해져 있는 글로벌은 없다. 애플의 아이패드가 끝없이 진화하고, 글로벌 기업으로 일본의 자존심이었던 토요타자동차가 하루아침에 추락하듯 세상에 영원한 것은 없다. 오늘 세계적인 수준이라고 해서, 내일을 장담할 수 없는 것이다. 동계 올림픽은 사 년 뒤에 또 열릴 것이고 더 치열한 경쟁이 기다리고 있을 것이다.

따라서 우리 아이들에게 창의성의 기본기를 튼튼하게 하고, 내공을 기르게 하는 것이 중요하다. 김연아의 연기는 쉽게 얻어진 것이 아니다. 단 한 번의 완벽한 점프를 위해 빙판에서 천 번 이상 엉덩방아를 찧으면서도 포기하지 않는 집요함과 아픔의 결과물이다. 김연아의 예술은 단순히 기계적인 동작에서 나오는 게 아니다. 007 음악에 몸과 마음을 맡기고 이를 스케이트로 이해하고, 표현해내는 상상력과 창조의 결과다. 음악에서 스스로 감응하지 못했다면 그런 연기가 나올 수 없다. 그렇게 감응하는 마음이 바로 시인의 마음이다.

문학의 상상력과 시의 창조력이 경쟁력이 되는 시대다. 이것은 모두 인문학을 기반으로 하고 있다. 빙상에서도, 무대에서도, 교육 현장에서도, 산업 현장에서도 인간에 대한 이해, 인문학적 소양에 바탕을 둔 삶의 내공이 없다면 오래갈 수 없다. 미래를 내다볼 수 있는 감성과 이성의 균형 잡힌 능력이 없다면 잠시 피었다 사라질 뿐이다.

우리 학생들에게 좋은 시를 읽히고, 외우도록 가르쳐야 한다. 잊히는 시인의 마음을 아이들에게 되살려줘야 한다.

시가 있는 교육, 시가 있는 사회는 봄처럼 맑고 화사한 세상을 만들 것이다.

고전에서 배우는 가정교육

얼마 전에 중국에 간 일이 있었다. 그때 중국공자학회 부회장을 위시해 몇몇 중국의 학자들과 저녁을 먹게 되었다. 중국의 학자들은 중국은 개방 사회로 나아가며 문호를 개방했지만, 개방에 따른 부작용이 상당히 따르고 있어서 걱정이라고 했다. 특히 청소년 문제가 적지 않게 발생하고 있다며 우려를 표했다.

반면 한국은 전통문화를 지속적으로 발전시키고 있기 때문에 그런 문제가 없을 것이라고 간주하며, 향후 한국을 배워서 유교 헌장이나 유교 교과서를 만들겠다는 계획까지 말했다.

나는 중국의 학자들의 생각에 공감하면서도 우리 청소년들에게는 문제가 없는지 가정교육은 제대로 이뤄지고 있는지 반성해보았다.

과거를 돌아보면 충격적인 사건들이 없었던 것은 아니다. 몇 가지 생각나는 것만 떠올려보면, 술에 취해 상습적으로 어머니를 때리는 아버지를 말리다가 아버지를 죽게 한 사건도 있었고, 밥 달라는 아들에게 관심을 두지 않고 기도만 하는 어머니를 죽게 한 패륜적인 아들도 있었다.

이러한 문제를 보다 근본적인 입장에서 해결하려면 우리의 문화 전통과 도덕 윤리의 기본을 되새겨봐야 할 것이다. 가정교육의 기본 교본으로 《동몽선습(童蒙先習)》이라는 책이 있다. 조선 중기 유학자인 박세무가 서당의 교재로 저술한 책이다. 오늘날 부모들이 이 책을 얼마나 읽었는지 모르지만 귀감이 되는 좋은 책이다.

삼강오륜이나 고전을 이야기하면 케케묵은 봉건 시대의 윤리 규범이라고 말할지 모르겠지만, 이는 제대로 공부를 하지 않았기 때문에 생긴 편견이다.

예를 들어 오륜 중 부자유친의 윤리에 대해서만 생각을 해보자. 어버이와 자식의 도리는 친애함이 있다는 것인데, 경전에 나온 설명을 옮겨보면 다음과 같다.

어버이와 자식은 그 친애함이 타고난 성품이니 어버이는 자식을 낳아서 기르고 사랑으로 가르치며, 자식은 어버이의 뜻을 받들어서 순종하고 효도하며 봉양한다. 그러므로 어버이는 자식을 바른 도리로 가르쳐 나쁜 길로 들어서지 않게 하며, 자식

은 부드러운 말로 어버이의 잘못을 간(諫)해 고을에서 죄를 짓
는 일이 없게 해야 한다.

만일 어버이로서 그 자식을 자식으로 대하지 않고 자식으로서
그 어버이를 어버이로 받들지 않는다면 무슨 면목으로 세상에
설 수 있으랴. 그러나 천하에는 옳지 않은 부모가 없으니 어버
이가 비록 인자하지 않더라도 자식은 효도하지 않으면 안 된다.

이 세상에 어느 부모가 자식을 사랑하지 않으랴 싶다. 하
지만 역사를 살펴보면, 반드시 그렇지만도 않았으니 순임금의
아버지가 그런 사람이었다.

순임금은 어려서 어머니를 잃었다. 아버지 고수라는 자는
욕심 사나웠고 포악하고 거칠었다. 계모는 사나웠고, 이복동생
은 오만했다. 이들은 모두 순을 미워하고 죽이려 했다. 그러나
그때마다 순은 지혜를 발휘해 살아났고, 더욱 부모를 효도로
섬겼다. 아버지는 순의 성품에 감복해 인자한 성품으로 변모했
다. 마침내 요임금은 순을 후계자로 삼았는데, 그것은 모두 순
의 지극한 효심 덕분이다.

요즘 이런 사람이 있으랴 하고 비웃는 사람도 있겠지만 인
간의 마음은 과거나 지금이나 큰 차이가 없다. 다만 인간이 이
것을 믿고 행하느냐 그렇지 않느냐의 차이가 있을 뿐이다.

가정에서 가족들 간의 친밀함과 신뢰도 그냥 생기는 것이
아니다. 아버지는 아버지답게 자식을 사랑으로 돌보고, 자식은

자식답게 효로써 봉양하고 간할 때 진정한 부자 관계가 성립된다. 그렇게 하려면 고사나 경전을 통해 선인들의 지혜를 겸허히 배울 필요가 있다.

조금 더 덧붙이면 자식을 사랑할 때는 섬세함이 요구된다. 자식을 키울 때 자식의 요구를 모두 들어주는 맹목적인 사랑을 베풀어서는 안 된다.

건전한 사랑은 칭찬과 관심, 정성스러운 보살핌이 동반되어야 한다. 물론 이러한 지혜 역시 모두 고전을 통해서 보다 더 확고히 배우고 익힐 수 있다.

현대는 정보화 시대로 급격히 전환되고 있다. 하지만 아직 산업 사회의 주도적인 영향력 아래서 살고 있는 것은 분명하다. 정보화 시대와 산업 사회의 중간 단계에 있다고도 볼 수 있다. 온라인 사업이 아무리 번성한다고 해서 디지털 상품을 먹고 입고 살 수는 없는 노릇이다. 그런 이유에서 산업 사회의 지배력은 앞으로도 오랫동안 지속될 것으로 보인다.

　농업 사회에서의 일자리는 농장이나 가정이었으나 산업 사회의 일자리는 공장으로 옮겨졌다. 앨빈 토플러는 《제3의 물결》에서 산업 사회의 기본 구조는 여섯 가지 원칙이 있는데, 이것이 성(性)과 스포츠에서 노동, 전쟁 등까지 그 영향을 미치고 있다고 주장했다.

여섯 가지 원칙이란 규격화, 분업화, 동시화, 집중화, 극대
화, 중앙 집권화라고 주장했다. 이것은 공업화가 발전된 사회
라면 자본주의 국가에도 사회주의 국가에도 맞는 원칙이라고
말했다.

한편 이 여섯 가지 원칙이 서로 강화 작용을 계속 함으로
써 생긴 것이 비인간적인 관료 기구였다고 주장한다. 앨빈 토
플러는 이 관료 기구가 인류가 일찍이 체험하지 못한 거대하고
경직된 조직이며, 이 조직 내에서 시민 한 사람, 한 사람은 조
직의 거대한 벽에 가로막혀 방향을 잃고 망연자실한 실향민처
럼 되고 만다고 비판했다.

우리 역시 이러한 산업화로 인한 부작용 때문에 여러 가지
어려움에 봉착하고 있다. 에너지, 인구, 빈곤, 자원, 환경, 공
해, 노인 문제, 공동체의 붕괴 등이 그러한 것이다. 가장 심각
한 것은 인류의 마지막 보루라고 할 수 있는 가족 내에서의 윤
리마저 무너지는 것이라고 할 수 있을 것이다.

오늘날의 사람들은 모두 산업화의 열매인 물질적 풍요에
만 젖어 있다. 그러다 보니 오직 경제적 성과를 위한 시장에서
의 이윤 추구 경쟁에만 몰두하고 있다.

불교는 깨달음의 종교, 마음의 종교라고 말한다. 하지만
아무리 마음의 청정함을 말해도 현실에서는 승자와 패자라는
경쟁의 논리만이 지배하고 있을 뿐이다.

그렇다 하더라도 우리는 끊임없이 무소유와 본성의 청정함

을 주장해야 한다. 아무리 산업 사회라 해도 인간의 존엄성은 사라지지 않는다. 인간이 없다면, 인간이 존중되지 않는다면 산업 사회는 그 기초부터 무너지고 말 것이다.

산업 사회에서는 생산자와 소비자, 경영자와 노동자, 지배자와 피지배자로 계급과 계층이 형성되지만, 실상 인간이 본래 계급과 계층이 정해져 있던 것이 아니다. 근본은 모두 하나라는 불교의 평등에 대한 가르침에 주목해야 한다.

이러한 불교적 접근이 일견 관념적으로 보일지 모르지만 실제로는 가장 실천적인 접근이다. 산업화의 특성인 규격화, 분업화, 동시화, 집중화, 극대화 등을 성공적으로 이뤄내려면 서로 평등의 철학을 바탕으로 협력하지 않으면 안 되기 때문이다.

산업 사회가 발전해 나가는 과정에서 생산 라인은 수없이 많은 부속품이 서로 얽히고설킨 그물 같은 관계에 있다. 소위 인다라망(因陀羅網, 인도 신화에 나오는 인드라신의 그물) 경계를 방불케 한다. 이러한 세계는 서로의 개성을 인정하면서 하나로 통일되어야 한다. 그것이 질서정연하지 않으면 불량품을 생산하게 될 것이다.

따라서 나라는 실재를 인정해주어야 한다. 내가 상품이 아니라 나는 상품을 만드는 주체자요 동시에 내가 만든 상품은 모든 것과 하나로 연계되어 하나의 생산품이 된다는 사실을 깨달아야 한다. 나의 주체성과 자각성이 조화와 화해의 근원이라는 각성이 필요하다. 산업 사회의 허상을 극복하고 건강한 미래를 창조하기 위해 십현문(十玄門)을 들어본다.

첫째, 모든 것이 서로 협력해 실재하고 동시적으로 흥기한다는 상호 연관성의 이론. 둘째, 하나와 전체는 자유롭게 구애됨 없이 서로 교환될 수 있다는 이론. 셋째, 겉으로는 유사성이 없지만 무엇인가 공통점을 지닌다는 이론. 넷째, 궁극적 차별로부터의 자유. 다섯째, 은폐된 것과 노출된 것이 서로 보완함으로써 전체를 이룰 것이라는 보완성 이론. 여섯째, 미세하고 심원한 물질의 상호 관통을 통한 구성 이론. 일곱째, 세상의 진실이 서로 침투해 반영한다는 상호 반영 이론. 여덟째, 진리는 실제 속에서 드러나 실제는 깨달음의 원천이라는 이론. 아홉째, 시간에서 다르지만 내적으로는 서로 관통해 있어 하나 속의 전체, 전체 속의 하나라는 이론. 열째, 주인과 수행원이 조화롭고 밝게 더불어 일하는 미덕을 완성한다는 이론이다.

십현문에서 밝게 드러난 것처럼 오늘날 산업 사회의 병폐를 극복할 수 있는 불교의 근본적인 접근 방법은 바로 일즉다, 다즉일의 정신으로 협화(協和)하는 것이다. 상호 연관성의 원리, 상호 관통의 원리, 상호 동일의 원리를 바탕으로 주인과 수행원이 공동의 완성을 지향한다면 산업화 시대의 근본적인 병폐인 계급과 계층의 갈등을 극복할 수 있을 것이다.

한국인의 특이 심리

한국 사회는 특이한 체질을 갖고 있고, 한국 사람은 특이한 의식을 갖고 있다. 쉽게 말하면 이중적인 의식이다. 우리 사회는 전통적 유교 관념이 고착화된 전통 의식과 근대화의 물결과 더불어 수용된 서구적 생활 의식을 동시에 지니고 있다.

전통 의식으로는 가족 단위적 성격, 계층 의식, 관존민비 의식, 권위 의식, 감정 위주의 의식, 형식주의와 보수적 성향 등을 들 수 있다. 후자의 경우는 합리주의, 개인주의, 평등주의, 능력주의, 능률 위주의 의식 등으로 구별 지을 수 있을 것이다.

이런 전통 의식과 서구적이고 진보주의적인 의식이 만나 통합적인 새로운 가치관을 창출하기 전에 오히려 역기능적인 혼돈의 가치관이 독버섯처럼 움트고 말았다. 이러한 가치관을 지적하면 다음과 같다. 홍승직의 〈가치관과 규범의 문제〉를 참고한 것이다.

첫째, 수단과 방법을 가리지 않고 돈만 벌면 된다는 배금주의적 사상. 둘째, 어떤 수단으로든 권력 주변에 가까이 가려는 권력만능주의. 셋째, 실천이 따르지 않으면서 그저 반복되는 구호주의. 넷째, 다른 사람에게 나의 모습을 있는 그대로 보여주는 것이 아니라 필요 이상으로 확대해서 보여주려는 과시주의. 다섯째, 구제도나 행동 양식이 그 의미를 상실했는데도 관습을 따라 그대로 지키려는 형식주의. 여섯째, 정도가 아닌 일시적이고 편리한 기회주의적인 방법으로 목적을 달성하려는 편의주의. 일곱째, 전통적인 것과 근대적인 것이 동시에 공존하는 이중적 사고방식. 여덟째, 애써 일하는 육체노동을 천시하는 노동천시주의. 아홉째, 민주주의 정치를 원리로 삼고 있으면서도 떨치지 못한 권위주의적 관존민비주의. 열째, 정당한 노력에 대해 정당한 대가를 지불하지 않는 불합리한 보상주의.

그렇다면 이러한 가치관의 혼란은 어떻게 형성되었는가? 그것은 지적한 바와 같이 동양적 가치관과 서구적 가치관이 조화를 이루지 못한 데서 연유된 것이다. 어떻게 조화되지 않았는가? 예를 들면 가족주의는 혈연을 앞세우고, 혈연은 정감(情感)을 내세우고, 정감은 부자 관계의 효를 중시한다. 효를 중시하는 데는 자연히 주종 관계와 상하 질서 관념과 더불어 권위주의가 배태하게 된다.

한편으로 서구적 개인주의는 이기주의로 오도되기 쉽다. 먼저 가족과 가정의 이익에만 관심이 국한되어 공익보다 사익을 앞세운다. 다시 말하면 전통적 유교주의적 가치관이 서구적 가치관으로 이상하게 변질되고 말았다.

서구적 가치관은 본래 그런 것이 아니다. 서구적 가치관이라고 지칭되는 합리주의, 개인주의, 평등주의, 업적주의 등의 정신적 기반은 기독교 윤리에서 쉽게 찾아볼 수 있다. 막스 베버는 유명한 《프로테스탄트 윤리와 자본주의의 정신》이라는 저서에서 프로테스탄트의 교리가 당시 발흥하는 기업 계급의 퍼스낼러티를 형성했고, 여기에 자본주의의 기원이 있음을 논했다.

그 후 많은 학자는 초기 프로테스탄트 교리와 기업가 정신을 논했으며, 레오나르드 브룸과 필립 셀즈닉은 《동서양 규범 문화의 변화에 관한 연구에서》 프로테스탄트 정신을 다음과 같이 정리하고 있다.

첫째, 프로테스탄트 윤리는 엄격한 자기 훈련과 고된 노동을 강조한다. 칼뱅주의 교리인 구제 예정설은 인간이 신으로부터 영원한 지옥으로 버림받느냐, 아니면 주님의 품안에서 영생하도록 선택받느냐 하는 것이 미리 예정되어 있다고 주장한다.

그러나 이러한 교리의 신봉자들은 그 자신이 선택받았는지 받지 않았는지 모른다. 여기에 불안과 두려움이 있게 된다. 따라서 신의 섭리와 하느님의 뜻에 합당한 행동을 해야 한다. 그것은 곧 엄격한 자기 훈련, 세속적인 쾌락의 거부, 고된 노동을 통한 이 세상에서의 의로운 성공이 은총의 표시요, 자신이 신의 가호 아래 있다는 증거로 간주되었다.

종교적 불안에서 벗어나 구원을 찾아 훈련된 노력을 하게 된 것이다. 따라서 노동하는 것은 기도하는 것이며, 개인의 사명인 동시에 신의 사명으로 여겨졌다.

둘째, 프로테스탄트 윤리는 주도성과 획득성을 높이 평가한다. 구원에 대한 확인을 전제로 할 때, 근검하고 낭비하지 않는 기업 활동의 확장은 신의 가호의 척도가 된다고 믿는다.

셋째, 프로테스탄트 윤리는 개인주의와 경쟁성을 중요시여긴다. 인간의 우정을 믿지 않고, 신에 대한 믿음만이 참된 믿음이라고 간주한다. 인간은 신의 아들이며, 신에 의해 창조된 존재로 다른 동물과 구별되는 존엄성을 부여받고 있기에 각자의 자유는 존중된다. 이러한 존엄성 아래 인간은 지위에 관계없이 평등했다.

서구의 개인주의적이고 합리주의적 가치관은 이같이 그들의 기독교적 사상과 양식에 의해 형성되었던 것이다.

그런데 이러한 배경 지식도 없고, 유교적 생활 양식에 대한 올바른 반성과 깊이 있는 통찰 없이 서구의 가치관을 따르려고 한 데서 오류가 발생한 것이다.

유교적 가치관은 그 정신적 기반이 어디에 있는가를 살펴보자.

오륜 중 부자유친, 장유유서, 부부유별 등이 주종 관계 또는 종적 윤리로서 서구적 평등주의와 다르다고 진부한 유교적 가치관이라고 비판받고 있다. 서구적 평등주의만 높은 가치로 삼고, 유교적 가치관이 형성된 배경은 도외시하고 있지만, 지금까지 살펴본 것처럼 그들이 내세우는 평등주의는 인간이 모두 신의 아들이라는 점에서 존엄성을 갖고 있기에 평등한 것이다.

그러나 동양의 유교에는 신이 없다. 신 대신 하늘이 있다. 하늘 아래 인간이 존엄한 이유는 도덕을 실천하기 때문이다. 도덕은 인륜이며, 그것이 인간을 금수와 다른 것을 증명하는 인간 고유한 특성이다.

이것은 결코 평등주의와 대립되는 개념이 아니다. 유교의 구원은 부자간의 생명의 연속성에서 찾을 수 있는 것이다. 그렇기에 가족주의의 근간인 효가 중시되었다. 효가 곧 생명의 연속이었고, 영혼과 영원을 인정하지 않는 가장 현실적인 종교인 유교는 나 자신의 죽음과 불안에 대한 구원을 자손을 통해 생명의 끈을 상속함으로써 찾으려고 한 것이다.

서구의 근대적 가치관의 기반인 기독교 사상과 동양의 유교 철학에 대한 심도 있는 이해 없이 무조건적인 가치관의 접합은 매우 위험한 것이다. 그것은 오히려 가치관의 전도를 낳았고, 우리 사회에 큰 혼란을 야기하고 있다.

유교가 비록 보수적인 전근대성의 일면을 갖고 있다 하더라도 그 근본정신은 하늘을 외경하는 경건한 수양에 있다. 유교는 물질을 추구하기보다 인격을 완성하는 데 더욱 치중하고 있다. 인간의 존엄을 인격 완성에 두고 있는 것이다. 그것이 곧 윤리 도덕이며, 인간과 동물을 구분하는 근거다.

동물은 염치가 없고, 최소한의 양보가 없다. 그러나 유교는 인간은 누구나 타고난 선한 성품을 바탕으로 염치를 갖고 있다고 간주한다. 염치(廉恥)가 높은 가치로 다시 제기될 때 오늘날 한국인이 가지고 있는 부조리하고 황금만능주의적인 사고방식 같은 파행적인 특이 심리는 사라지게 될 것이다.

한 해가 저무는 것을 세모(歲暮) 또는 세밑이라고 한다. 세모가 되면 주변이 어수선하다. 마치 열차가 떠나기 전 역 광장의 모습처럼 분주하다. 한 해를 마감하는 시간이기에 그럴 법도 하다.

모든 마감의 시간은 바쁘고 설렌다. 하지만 누구나 후회 없는 한 해를 보냈다고 자부하는 사람은 없을 것이다. 그간 잊고 지냈던 사람을 만나려고 망년회로 아쉬움을 달래기도 하며, 몸도 마음도 허공에 떠 있는 기분에 사로잡히기도 한다.

그러나 한 해의 종장(終章)을 분주하고 황망하게만 지내는 것이 옳은 일일까? 그런 시기일수록 조용히 어제오늘의 자기를 성찰하고, 내일을 설계하는 시간을 갖는 것이 필요하지 않을까?

우리의 눈은 언제나 밖으로만 바라본다. 항상 아름다운

것을 찾아 상하좌우로 두리번거린다. 입은 맛있는 음식을 좇아 쉴 새 없이 헤매고, 귀는 즐거운 소리만 들으려고 구석구석 훑는다. 코는 향기만 맡으려고 사방으로 뛰어다닌다.

그러나 이 감각을 느끼고 맛보고 생각하는 주인공은 누구인가? 생각이 끝없이 흩어져 산란해지는데 그것을 지배하고 작용하게 만드는 그 어떤 것이 있을 것이다. 그것이 우리 마음의 뿌리다. 팽이처럼 끝없이 돌고 있는 감각적인 것, 번잡한 생각의 연속에서 우리는 마음의 뿌리인 주인공을 찾아야 한다.

올해도 세상의 오욕 속에 빠져 나를 귀양 보냈다면, 세밑에라도 나를 찾는 의미 있는 시간을 보내보자. 나를 찾는 일은 나와 나의 대화를 갖는 데서부터 시작할 수 있다. 나와 나의 대화란 모든 생각이 일어나는 그 자리를 보는 것이다. 모든 생각이 일어나는 자리란 모든 생각이 끊어진 곳이다.

부질없이 외풍, 내풍에 시달리지 말고 하루쯤 산사(山寺)에라도 찾아가서 문풍지 소리를 들으며 잊었던 나와 내가 마주 앉아 밑도 끝도, 머리도 꼬리도 없는, 마음길이 끊어진 그곳에서 세모를 보내는 것은 어떠할지.

마음길이 끊어지지 못하면 모두가 풀에 의지하고 나무에 붙어사는 한낱 도깨비에 불과할 따름이라던 옛 어른의 말씀이 생각나는 밤이다. 한 해가 저물듯, 우리의 인생도 언젠가 저물 것이다. 하루라도 빨리 허깨비 놀음에서 벗어나 진정한 나, 진정한 나의 인생을 찾자.

오래전에 교회의 종이 재판을 받게 되었다는 보도를 접한 적이 있었다. 교회의 종소리가 무지막지하게 커서 수면을 방해할지경이니 소리의 크기를 조정하든지 철거를 해달라는 것이 주민들의 요구였다.

　교회의 종소리는 복음과 구원의 상징으로 우리의 마음을 포근하게 하고 맑게 해주는 영원의 한 표징이었다. 그런데 그것이 세속화되면서 주민들에게 불편을 초래해 외면을 받게 된 것이다.

　어느 날 오후 강의를 하려고 집을 나서려던 참인데, 벨 소리가 울렸다. 아직 준비가 덜 끝나 문을 열지 못하고 있었는데, 그새를 참지 못하고 요란스럽게 벨 소리가 누차 울렸다. 엉겁결에 무슨 중대한 일이 벌어졌나 걱정스러운 마음에 문을 열고 나가보니 중년 부인과 젊은이가 성경책을 옆구리에 낀 채 문 앞에 서 있는 것이었다. 전도를 위해 나온 모양이다. 마음속의 긴장이 허물어지면서 다시 나갈 채비에 돌입하려고 했다. 그런데 두 사람이 내가 할 일이나 기분에 대해서는 아랑곳하지 않고, 성경 구절을 읽으면서 현관으로 들이닥쳤다.

물론 나 같은 죄 많은 사람에게 구원과 복음을 주겠다는 두 사람의 사명감을 무시하는 것이 옳은 태도는 아니지만 촌 각을 다투고 있는 상황인지라 불편한 마음을 금할 길이 없었다. 간곡히 사정을 해서 서로 헤어지기는 했지만 벌써 십 분 이 상을 허비하고 말았다.

어떤 종교든 인간에게 필요하다고 생각한다. 더구나 현대 사회에서 인간을 구원하려면 종교의 역할이 지대하다. 하지만 그런 종교들이 강압적인 방식을 사용한다면 그것은 조금 생각 할 필요가 있다.

구원은 누군가의 강요에 의해서가 아니라 스스로 자신의 내적인 영혼의 안식을 찾아야만 이뤄지는 것이다. 그 매개가 하나님이든 부처님이든 무엇보다 자기 속에서 영혼과의 합일이 이뤄져야 한다.

예수님이나 석가모니나 모두 사랑과 자비를 말씀하셨다. 그 사랑과 자비는 적극적으로 내가 남을 사랑한다, 자비를 베 푼다는 뜻도 있지만 더욱 보편적인 의미는 남을 인정한다는 것이다. 조용히 있고 싶은 사람은 조용하게 있게 해주는 것이니 남을 인정하는 것이다.

다시 말해 사랑과 자비는 남에게 해를 끼치지 않는 것, 즉 아힘사(ahimsā, 산스크리트어로 불살생 또는 비폭력)에 그 근본이 있는 것이다. 종교적 사명에 불타는 종교인들의 구원의 의지는 아힘사 정신이 투철할 때 더욱 돋보이게 될 것이다.

스승의 길,
제자의 길

교육 현장에서 스승과 제자 간의 관계가 무너지고 있다. 제자가 스승을 고발해 스승이 형사 입건되는 경우도 있다. 어떤 대학에서는 제자가 스승에게 삿대질을 하고 폭언을 했다고도 한다. 이런 현상을 보고 일부 식자는 교육계뿐 아니라 나라의 장래까지 걱정이라고 한다.

우리 사회가 급진적으로 자유화하고 전통적인 윤리 질서는 인습이라 비판하지만 새로운 윤리 질서가 형성되지 않은 과도기에서 어쩔 수 없이 수반되는 현상이다.

기존 스승과 제자 관계는 분명히 조정되어야 한다. 오직 수직적인 복종만 강요되는 경향이 있었던 것이다. 과거에는 왜 스승과 제자 간에 일방적인 소통만 강요했던가? 오직 유교적 전통 속에서 군사부일체의 도덕규범에 따라 제자는 스승의 그림자도 밟지 않는다는 절대적인 윤리가 강요되었다.

따라서 오늘날같이 상대적 윤리관 혹은 회의적인 윤리관으로 훈련된 현대인들은 그것을 마음 깊이 받아들이기 어렵게 되었다. 여기서 우리는 진정한 사제 간의 관계는 무엇인가를 재조명할 필요가 있게 되었다. 그러한 재조명을 통해 인습적인 사제 관계를 새로운 차원으로 끌어올릴 수 있을 것이다.

종래 스승은 절대 권위의 상징이었다. 제자가 갖고 있는 심정과는 전혀 관계가 없는 타율적인 관계였다. 제자는 스승에게서 지식을 습득하고, 그렇게 습득된 지식은 제자에게 유용하다는 이해관계를 바탕으로 그런 관계가 견고하게 형성되었다.

하지만 본질적 의미에서 스승과 제자는 결코 절대적인 관계가 아니다. 스승은 제자를 마음으로 감화시킴으로써 제자의 정신세계를 개발해주는 역할을 담당한 매개자일 뿐이다. 이때 제자는 스스로 그 자신 속에 있는 진리의 빛이 스승을 통해 개명(開明)됨을 알아야 한다.

이러한 현상을 불교에서는 줄탁동시(啐啄同時)라고 한다. 줄이란 닭이 알을 품어 병아리를 낳을 때 병아리가 막 껍질을 깨고 밖으로 나오려고 달걀 안에서 쪼는 것을 말하며, 탁이란 암탉이 똑같은 시기에 밖에서 쪼는 것을 말한다. 결국 사제 간의 인연은 이러한 관계에 의해서 명백하게 드러나는 것이다.

따라서 스승은 절대적인 지식의 포괄자가 아니다. 스승은 인격과 지식을 겸비하며 제자의 성숙을 지켜보는 안내자요, 유인자요, 자극을 주는 인도자요, 각성에 이르게 하는 중매자다.

제자는 어떤 사람인가? 제자는 아직 미숙하다. 그렇기에 언제나 스승을 믿는 마음이 필요하다. 비록 믿음을 주지 못하는 스승일지라도, 자신이 스승으로 모시고 배우는 입장이라면 내가 모른다는 전제가 앞서야 한다. 설사 어떤 면에서는 내가 뛰어나다는 생각이 있더라도 스승을 믿어야 한다. 그 믿음이 결국 믿음을 주지 못하는 스승을 참회하게 만들고 계몽시키기 때문이다.

이렇게 스승과 제자는 수직적인 관계 이전에 상호 간에 믿음을 바탕으로 계몽시키고 소통한다는 점에서 수평적인 관계여야 한다.

부처님의 말씀 가운데 모든 중생을 부처로 보라는 말이 있다. 그것은 모든 중생을 스승으로 삼으라는 말이다. 인간은 누구나 동일한 법성(法性, 모든 사물의 본성)을 갖추고 살아간다. 그것이 겉으로 드러난 모습만 다를 뿐이다.

부처님의 큰 진리는 바로 네가 곧 네 스승이 되라는 것이다. 그렇기에 부처님의 최후의 말씀은 이런 것이었다.

너희들은 저마다 자기 자신을 등불로 삼고 자기 자신을 의지하라. 진리를 등불로 삼고 진리를 의지하라. 다른 것에 의지해서는 안 된다. 너희들은 내 가르침을 중심으로 화합하고 공경하며 다투지 말라. 여래는 육신이 아니라 깨달음의 지혜다. 육신은 여기에서 죽더라도 깨달음의 지혜는 영원히 진리와 깨달음의 길에 살아 있을 것이다. 내가 간 후에는 내가 말한 가르침이 곧 너희들의 스승이 될 것이다.

스승은 깨달음의 진리를 말하는, 깨달음의 진리 자체인 것이다. 그리고 앞서 말했듯 그것은 인간 각자에게 누구나 있는 것이다. 그 누구에게나 있는 것을 보여주는 것이 스승이다. 스승이 모자란다는 것은 곧 나의 모자람을 보게 하는 것이다. 스승은 깨달음의 길을 가르치는 사람이다. 그 길을 가고 안 가고는 나 자신에게 있는 것이다. 구도하는 마음이 지극할 때 비록 잘못된 길이라도 다시 제 길로 돌아설 수 있다.

우리는 모든 것을 남에게 책임을 지우는 습관이 있다. 하지만 길은 오직 나 자신에게 있다는 사실을 알아야 한다. 이때 나란 나의 욕심, 어리석음, 성내는 내가 아니라 순수한 나를 말한다.

앞서 말한 자등명법등명(自燈明法燈明, 나 자신을 등불로 삼아라)이라고 할 때 나란 개인적인 자아인 소아(小我)가 아니라 전체와 함께 있는 대아(大我)인 것이다. 내가 본래 대립이 없고, 내가 본래 애착이 없는 것이다. 그것이 곧 나의 믿음으로 승화될 때 거기에 영원한 스승이 있다.

끝으로 달마 대사와 혜가 스님의 일화를 통해서 사제 관계란 무엇인가를 정리해보자.

눈 내리는 밤, 신광(출가 전 혜가 스님의 속명)은 달마 스님을 찾아간다. 신광은 가르침을 요청하며 제자가 되기를 바랐지만 달마 스님은 면벽을 한 채로 꿈쩍도 하지 않았다.

한밤을 밖에서 새운 신광은 다시 달마 스님에게 법을 청했다. 달마는 "너의 믿음을 내놓아라"라고 했다. 그때 신광은 오른팔을 끊어 바쳤다. 이후 신광은 달마의 제자가 되어 혜가라는 법명을 받았다.

어느 날 달마는 혜가의 줄(啐, 줄탁동시의 줄)이 무르익었음을 알고 신광에게 문답을 허용한다. 신광의 질문은 단순했다.

"마음이 불안합니다."

"그 마음을 가져오너라."

"찾을 수가 없습니다."

"이미 편안해졌느니라."

이 말에 신광은 크게 깨달았다. 달마의 탁(啄)이 내려진 것이다.

스승과 제자의 관계란 언제나 믿음을 통한 줄탁동시성에 있는 것이다. 거기에 일방적인 지식의 전수만을 요구하기 때문에 사제 간의 평행이 무너져서 깨진 달걀이 되는 것이다. 병아리를 낳지 않는 달걀이나 암탉이 무슨 필요가 있단 말인가?

5장
삶 속으로 출가한다

성불의 현대적 의의

성불(成佛)이란 문자 그대로 부처가 된다는 말이다. 부처가 되는 데 고대와 현대의 구분이 있을까? 이 꼭지의 제목을 보면, 성불이 시대와 장소에 따라 다를 수 있는가 하는 의문이 생길 수 있을 것이다.

어떠한 진리도 그 시대에 통용되는 언어로 그 개념을 전달해야만 잘 이해될 수 있을 것이다. 성불은 본질적으로 시대에 따라 차이가 있는 것이 아니다. 다만 그 본질을 이해시키는 언어가 다를 뿐이다.

부처님이 깨달은 세계는 부처님이 나오기 전에 이미 있었고, 열반에 든 후에도 원음(圓音, 원만구족한 부처님의 말씀)이 무궁, 무한, 영겁으로 전해진다는 말을 상기할 필요가 있다. 부처님의 법은 창조된 것이 아니라 이미 있는 것을 석가모니 부처님이 깨닫고 전했을 뿐이기 때문이다.

여기서 《화엄경》의 마음, 부처, 중생이 차별이 없다는 뜻을 알 수 있다. 사람들은 부처가 따로 있고, 마음이 따로 있고, 중생이 따로 있어서 중생이나 마음이 부처가 될 수 없는 별개로 이해한다.

그러나 우리 마음이 곧 부처요, 중생인 것이다. 한마음이 청정해 깨끗함을 드러내면 곧 부처요, 번뇌와 망상에 사로잡혀 있어 본래 청정한 광명이 드러나지 않으면 중생인 것이다.

인간이 부처가 되는 것이고, 인간의 마음이 주인공인 것이다. 성불은 부처가 멀리서 나에게 오는 것이 아니다. 언제 어디서나 함께 다니는 것, 이 마음의 깨침을 말하는 것이다. 성불이라고 해서 무슨 위대한 다른 모습으로 우리에게 보이는 것이 아니다. 오히려 성불이 우리의 일상과 평상심을 떠나 특이하고 장엄한 모습에서 발견된다면 그것은 성불이 아니라 미불(未佛)이라고 해야 할 것이다.

인간들은 언제나 자신을 자기 이상 혹은 이하로 생각해 원만하고 균형 있는 감각을 유지하지 못한다. 특히 우리 마음이란 입출이 보이지 않고, 형상이 나타나지 않으므로 마음의 평정을 찾기란 더욱 어렵다. 우리 마음이란 동정(動靜)의 시작을 찾기 어렵기에 마음의 고삐를 잡기 어렵다. 고삐를 잠깐 잡았다 해도 언제 풀릴지 알 수 없다.

이러한 마음을 부처와 같은 것이라고 하니 받아들이기 어려울 것이다. 한시도 정좌(靜坐)할 수 없는 속성을 가진 이 마음을 변함없이 청정한 것이라고 하니 더욱 그런 것이다. 부처가 된다는 것이 그만큼 어려운 일이기에 그렇게 느껴질 것이다. 조급한 마음으로는 더 멀게만 느껴질 것이다.

하지만 조금만 천천히 생각해보자. 이렇게 성불이 다른 세상 이야기처럼 멀게 느껴지는 이유는 부처가 되면 그 마음이 고요하고 청정해 일체의 지혜가 불꽃처럼 용솟음쳐 나오고, 언제나 편안함에 안주해 영생을 누릴 것이라는 선입관이 있기 때문이다.

물론 부처가 되는 것은 인간이 설정할 수 있는 최고의 목표, 지고한 가치가 될 수 있다. 그러나 과연 부처님이 된다고 해서, 다시 말해 성불했다고 해서 모든 고통과 근심과 걱정이 사라져 영구적으로 안심입명(安心立命, 천명을 깨치고 생사를 초월해 마음이 편안하다)할 수 있을 것인가? 만일 오늘날 성불이 그러한 것이라면 과연 누가 그를 존경하고 존엄하게 대할 것인가?

우리는 청정심, 번뇌와 망상을 제거하는 것, 심·불·중생이 하나라는 말을 다시 한 번 되새겨볼 필요가 있다. 내가 생각하기에 청정심이란 이기적 욕구로부터의 해방을 의미하며, 자비와 연결되는 마음이라고 여겨진다. 그리고 번뇌와 망상은 대립을 말하며, 그것은 곧 헌신과 봉사를 가로막는 마음이다. 따라서 번뇌와 망상을 제거한다는 것은 일체를 평등하게 여기며 헌신과 봉사하는 마음을 말한다. 같은 맥락에서 심·불·중생이 하나라는 것은 내 마음이 자비, 보시, 헌신과 봉사로 흐르는 것이다.

부처님은 《금강경》에서 34상으로 나를 볼 수 없다고 했다. 부처님의 성불하심은 34상이라는 겉으로 드러난 어떤 특정한 모습에 있는 것이 아니다. 부처님을 어떤 독특한 모습이라고 결정할 때 그것은 유한성을 벗어날 수 없는 것이고, 무엇인가와 대립할 수밖에 없다. 자비, 헌신, 봉사는 대립에서 나올 수 없다. 그것은 자아의 이기적 욕구를 버렸을 때 가능한 것이다. 이것이 곧 집착으로부터의 해방이다.

우리는 살아가며 뭔가를 내 것으로 만들려고 하고, 그것을 놓치지 않으려고 한다. 그러면서 인류는 서로 불평등하게 되었다. 그 불평등은 투쟁을 초래한다.

나는 가끔 이런 생각을 한다. 오늘날 석가모니가 서울에 나타난다면 어디로 발걸음 할까?

그분은 틀림없이 헐벗고 굶주리고 사람 대접받지 못하는 곳에 처할 것이다. 고통받는 자들의 죄를 모두 자신이 수렴해 자가용을 타고 다니지 않고, 쓰레기 처리장같이 더러운 곳에서 일하고, 병에 걸린 사람을 구제하기 위해 자신의 모든 것을 바칠 것이다. 그렇게 희생하다 열반에 들 때는 장기를 기증하고 떠날 것이다.

성불이란 바로 이렇게 부처님의 뜻이 어디에 있는가를 살피면 알 수 있다. 현대의 부처님은 도시의 거리로, 빌딩의 사무실로, 공업 단지로 쉴 사이 없이 뛰어다니면서 그들의 마음에 응어리진 번뇌의 씨앗을 훈훈하게 녹여주면서 당신의 온몸도 땀에 젖을 것이다. 몸은 깡마르고 고달파도 빛나는 눈동자는 따뜻한 미소를 지을 것이다.

우리는 성불의 길을 막연하게 생각하는 경향이 있다. 종교적 엄숙주의자가 이런 이야기를 들으면 종교의 경건함을 모독한다고 비판할지 모르겠으나, 진정한 성불이란 나의 아픔을 통해 다른 사람의 아픔을 덜어주는 것이다.

성불은 권위주의적 색채를 벗어야 한다. 성불은 피안에 있는 것이 아니다. 바로 여기 헐벗고 병든 자들의 가슴을 녹여주는 데 있다.

이미 건너가야 할 저쪽 언덕이 없는데 어찌 떠나가야 할 이쪽 언덕이 있겠는가?

삶은 논리가 아니다

나이가 들수록 고집이 강해지는 사람들이 많다. 세상의 지혜가 풍부하다고 하지만 세상은 계속 변한다. 그리고 내가 젊은 시절 옳다고 믿었던 것도 나이가 들면서 하나둘씩 틀린 것을 발견하게 되는 경우도 적지 않다. 그래서 나이가 들수록 누구에게나 배운다는 자세로 겸허해질 필요가 있다.

사람이 살아가면서 한시도 문제가 없을 수는 없다. 그런데 나의 실수에 의해서 문제가 생기기도 하지만 때로는 전혀 나와 무관한 일로 어려움을 겪기도 한다. 나의 오만과 실수로 인한 문제는 감내하고 책임을 지면 그만이지만 그렇지 않은 경우는 곤혹스럽고 억울한 마음이 든다.

나 역시 이런 일을 당한 경험이 있다. 어떤 후배가 자신의 잘못을 다른 곳으로 돌리기 위해 나를 걸고 넘어간 것이다. 내가 자신의 비위(非違)를 알고 있었는데 그것을 다른 사람들에게 확대하고, 과장했다면서 나를 모함한 것이다.

아닌 밤중에 홍두깨라는 심정이었다. 당장 그 후배를 불러서 사실 관계를 확인하고 용서를 받고 싶었지만 일단 마음을 가라앉히기로 했다.

나의 위기 극복 방법인 좌선을 통해서 방법을 찾아보기로 한 것이다. 좌선을 하면서 마음을 고쳐먹었다. 나와 관련이 없는 구설을 듣고 도망친다면 얼마나 졸렬한 일인가? 한편으로는 사회 정의 차원에서라도 나서서 해명을 해야 한다는 생각이 들었다. 하지만 한편으로는 안 했으면 그만이니 시간이 약이라는 생각도 들었다. 그렇게 갈등하던 도중 좌선이 깊어지자 저절로 하나의 진리가 떠올랐다.

무시하는 것도 해결의 방법이다.

운명의 수용이라고 할 수 있는 이 방법이 떠오르자, 그 일에 대해서는 일체 잊고 아무런 감정의 동요가 일어나지 않았다. 내가 이러한 지혜를 얻은 것은 아들에게서 자극을 받은 바도 크다.

아들 녀석은 집에서 누이나 어머니에게 잔소리를 들을 때 언제나 자신의 잘못을 먼저 수긍하고, 변명하지 않으며 파도를 타듯 그냥 넘어간다. 그리고 뭔가 하고 싶은 것이 있어도 상황이 좋지 않으면 처음부터 문제를 맞닥뜨리는 것이 아니라 일단 다른 데 관심을 두고 잊어버렸다.

내가 책임질 필요가 없는 일도 인연이 얽히면 어쩔 수 없는 것이다. 시간이 흘러 나의 결백함이 밝혀지고 그 문제는 자연스럽게 해결되었다.

인간사는 새옹지마요, 삶은 논리가 아니다.

무소유를 즐긴다

장자는 달관을 했기에 아내가 죽었을 때 두 다리를 쭉 뻗고 앉아서 술동이를 두드리며 노래를 불렀다. 죽음이라는 것은 온 우주를 거실로 삼고 평안히 잠자는 것이라는 것을 깨쳤기 때문이다. 이것은 무소유가 무엇인지를 알려주는 대표적인 한 편의 일화라고 할 수 있다.

오늘날 모든 사회적 문제의 근본에는 강력한 소유욕이 있다. 그 소유욕은 개인주의와 물질주의로 나타난다. 개인주의나 물질주의가 현대 산업 사회 구성의 견인차 역할을 한 것도 사실이다. 소유가 없었다면 자본주의가 발전하지도 않았을 것이다. 하지만 인류의 발전이 비단 물질의 소유의 측면에서만 파악되는 것은 문제다. 우리는 보다 더 높은 차원의 발전을 고민해봐야 한다. 소유로 인해서 인간의 갈등은 심화되었고 그 갈등은 폭력과 전쟁을 낳았기 때문이다.

소유지상주의는 사유(思惟)의 가치를 무너뜨렸다. 무엇을 고민하고 어떤 인격을 갖고 있느냐가 아니라 그가 가진 소유로 그 사람의 가치를 판단한다.

어떤 냉장고, 어떤 텔레비전, 어떤 자동차, 어떤 집을 갖고 있느냐가 그 사람의 수준을 판단하는 중요한 기준이 되었다. 그래서 인간은 더 비싸고 귀한 것을 가지기 위해서 혈안이 되었고, 끝없는 투쟁이 벌어지게 되었다.

이러한 소유욕에 기인한 투쟁은 자유나 독립 같은 정신적인 가치까지 좀먹고 있다. 나의 자유와 독립을 위해 남의 자유와 독립은 유린하는 것이다. 하지만 이러한 것들이 소유할 수 있는 것인가? 물질 또한 영원히 소유할 수 있는 것이 아니다. 이렇게 우리는 당장 눈앞의 소유에만 집착해 오판하고 숱한 잘못을 저지르고 있다.

우리는 결코 소유할 수 없는 것을 소유하려고 한다. 소유는 하나의 우상에 불과한 것이다.

소유의 우상은 물질과 의식에 동일하게 내재하고 있다. 의식에 관한 소유의 양상은 생사(生死) 문제에서 극명하게 드러난다.

사람들은 삶만이 가치 있는 것이라고 보고, 사는 동안 소유에 집착한다. 한편으로 어떤 이는 인간의 본질이 죽음이라고 규정한다. 그들은 죽은 이후 천당에 태어나는 것을 갈망한다.

이 모두가 의식적인 차원의 소유에서 나온 이원론적인 발상이다. 삶도 죽음도 소유할 수 없는 것이다. 인생은 삶과 죽음의 어느 한쪽이 아니라 양면을 모두 갖춘 것이다. 소유가 아닌 무소유의 불이(不二)에서 인생을 봐야 한다.

인간은 유한의 삶 속에서 무한의 영원을 보고, 영원 속에서 유한의 삶을 보는 무소유의 불이(不二)를 깨달았을 때 참다운 달관(達觀)에 이르게 된다.

공
존
하
는
삶

며칠 전 한 제자가 찾아왔다. 이런저런 이야기 끝에 제자가 대학 시절 불교 활동을 열심히 했던 것이 기억나 지금도 신앙생활을 하느냐고 물었다. 직장을 다니느라 바빠서 절에 나갈 시간은 없지만 작년부터 아내와 상의해 교외에 있는 고아원에 매달 월급에서 일정액의 돈을 저축해 철따라 옷이나 학용품을 전달하고 있다고 했다.

나는 그 말을 듣고 제자의 헌신적인 봉사 정신에 감격해 마지않았다. 서른에 불과했지만, 별다른 이유 없이 이웃을 돕는 일에 적극 나선 것이 참으로 가상했다.

제자는 당당하고 자신에 차 있었다. 대학 동창들을 설득해 앞으로는 모임에서 식비를 절약해 동참하기로 했다는 말까지 전해 들으니 내 가슴마저 뿌듯해졌다.

유가에는 박시제중(博施濟衆)이란 말이 있다. 널리 은혜를 베풀어서 대중을 구제하는 것을 말한다. 불가에는 이 같은 맥락의 동체대비(同體大悲)란 말이 있는데, 다른 사람의 몸을 내 몸같이 느껴서 큰 자비를 베푸는 것이다. 기독교는 박애(博愛)라는 사랑을 말하는데, 하나님에 대한 사랑을 이웃에 대한 사랑으로 실천하는 것이다.

유가에서는 인(仁)을 실천할 때 효(孝), 제(悌, 공경), 예(禮)를 통해서 가정, 이웃, 사회, 나라로 사랑을 점차 넓혀가고, 불가에서는 한없이 자애로운 마음으로 타인의 고통을 없애는 것으로 보살도를 실현한다. 기독교에서는 믿음과 소망, 자기희생을 바탕으로 사랑을 실천한다.

각기 다른 종교지만 사랑을 통해서 죄를 씻어내고 인간의 고통을 극복한다는 점에서 동일하다. 고등 종교의 창시자들은 이처럼 한결같이 이웃의 고통과 아픔을 함께하려 했다. 자리(自利)에서만 나오는 인간의 오만과 독단을 버리고 모든 인간을 위하자는 것이 고등 종교의 일관된 교설이다. 이것은 인간의 존재 자체가 '함께 있다'는 명제를 증명하는 것이기 때문이다.

우리 정신이 이기심과 탐욕으로 어두워졌을 때 그것을 치유하는 방법은 빨리 사심(私心)을 공심(公心)으로 전환하는 것이다. 공심은 내가 나만의 존재가 아니라 너와 함께 존재한다는 공존으로서의 삶을 인정할 때 자연스럽게 일어난다.

　우리 사회가 더 나아지려면 우리 내면에 꽉 찬 탐욕과 이기심이 벗겨져야 한다. 그래야 민주, 평등, 복지가 실현되는 더 나은 사회로 나아갈 수 있다.

　모든 사람이 함께 행복해지기 위해서 내 마음을 공심으로 회향해 이웃의 아픔을 함께하자.

　어쩌면 우리가 다른 사람의 아픔을 함께한다는 것은 당위(當爲)가 아니라 실존의 필연성일지도 모른다.

노
스
님
의
웃
음

그날 밤 극락암으로 가는 길은 비에 젖어 있었다. 동행 중에는 벌써 육순을 맞은 원로 석학들도 있었다. 그들이 스승을 찾아 가는 모습은 이제 막 출가를 하고 구도의 길을 떠나는 청년 스님처럼 경건해 보였다. 그들의 엄숙한 자세에 저절로 존경스러운 마음이 일었다.

물론 그들은 불교를 연구하는 학자도 아니고, 불교 신자도 아니었다. 오히려 억불(抑佛)의 주인공들과 가까운 성리학의 대가들이었다. 그런 그들이 산중에 오면 그 산의 주인을 찾아뵙고 도담을 들어야 한다면서 극락암을 찾아 나선 것이다.

막상 도착하고 보니 예전의 극락암과는 꽤 달라져 있었다. 통도사부터 극락암까지 아스팔트로 포장되어 있는 것이 한편으로 편리하기도 하고, 한편으로는 생경했다. 하지만 하늘에 용이 지나가는 모양처럼 아름다운 곡선을 그리고 있는 영취산의 아름다움은 여전했다.

숲을 지나 절에 도착하니 단장된 누각과 말끔하게 정리된 앞마당이 도인의 숨결을 느낄 수 있게 했다. 노스님이 말한 산삼 썩은 물을 한 주발 떠 마셨다. 수돗물과는 판이한 깊은 맛이 났다. 우리 일행은 이 한 잔의 물에서 이미 가슴이 설레기 시작했다.

구순(九旬)을 바라보는 노스님은 눕지 않고 앉아 있었는데 그 천진한 면면이 노소를 분간하기 어렵게 만들었다. 다섯 명씩 짝을 지어서 오체투지로 예배를 드리고 합장을 한 다음 앉았다. 고요를 깨뜨린 스님의 첫마디는 이런 것이었다.

"내가 이가 아파서 말을 못해. 지금 의사가 왔다 갔는데 조금 낫다, 하하하!"

이렇게 웃으면서 좌중을 둘러보는 스님의 눈은 생명력이 넘쳤고, 웃음은 소년의 그것처럼 청량했다. 그 웃음은 어두운 밤을 걸어온 우리들에게 밝은 광명의 길을 안내해주는 것 같았고, 우리는 마치 유마 거사(維摩居士, 과거세의 부처로 대승 불교 경전인 《유마경》의 주인공)의 방에 들어와 말없는 법문(法問)을 듣는 듯했다.

노스님의 티 없는 마음에서 나온 웃음은 우리 모두에게 깊은 감명을 주었다. 절 밖을 나와 돌아가는 길에 Y박사는 "일생 동안 저런 웃음을 처음 보았다. 속세에서는 결코 볼 수 없는. 무슨 말이 필요하겠나? 저 웃음 속에 이미 천언만어(千言萬語)가 모두 끝나버렸다"고 했다.

찾아가는 이와 맞이하는 이의 마음이 하나가 되었으니 노스님의 법문인 목격도존(目擊道存, 눈으로 보는 것에 이미 도가 있으니 말을 주고받을 필요가 없다)이 바로 이와 다를 바가 없는 것이리라. 티 없는 웃음 하나가 그 자체로 언어를 뛰어넘는 법문이요, 빛이 될 수 있음을 깨달은 하루였다.

봉선사로 가는 길은 암탉을 쫓는 수탉의 날개와 같이 뭉게뭉게 피어오른 구름 속을 걷는 듯했다. 단풍이 붉게 물든 운악산은 가히 방하(放下, 망상과 집착을 내려놓다)에 눈을 뜬 운수납자(雲水衲子, 떠돌면서 수행하는 승려)들의 고향이런가.

저기 안개 속으로 이 절의 노장 스님이 주장자를 짚고 거니는 모습이 보인다. 노장 스님에게 합장하는 손끝이 가만히 떨리면서 아직 세상에 더 머물러주기를 청해본다.

설법이 따로 필요할까? 법상(法床, 설법하는 스님이 올라앉는 상)을 만드는 일도 수고로울 뿐이다.

우리 일행이 인사 차 토굴로 찾아뵙겠다고 하니, 팔십 명이 오는 것보다 내가 나가겠다고 한 말씀 속에 이미 법은 전해진 것이다. 법단(法壇, 설법을 위해 만든 단상)이 만들어지고, 스님의 법문이 빛을 내며 대지와 허공을 밝혀준다.

참으로 부처님을 믿는 것이 무엇인가? 멀리 있고 어려운데 있는 것이 아니다. 옛 선사가 평상심이 곧 도라고 하지 않았던가. 아무리 빛나는 진주라도 돼지가 가지면 가치가 없는 것이다. 그처럼 부처님은 부처님을 믿는 사람의 세계에 있다. 아무리 부처의 명호(名號)를 외운다 해도 철저히 믿지 않으면 물위에 이름을 새기는 것처럼 허망한 일이다.

국보(國寶)인 종이 세 번 울린다. 문득 그 소리에 감명을 받아 나도 모르게 이렇게 말했다.

"내가 지은 업장이 모두 녹아서 하늘로 올라가는 듯하다."

그 말을 듣고 있던 K스님이 대꾸했다.

"하늘로 올라가면, 그것을 또 누가 뒤집어쓰는가?"

개구착(開口着)이다. 입을 여는 순간 틀리는 것이다. 나는 뒤통수를 한 대 맞은 느낌이다.

입속에 이런 말이 맴돌았다.

'할 수 없지. 내가 다시 뒤집어써야지.'

다시 마음으로 사유하고 보니, 하늘로 올라갈 것이 어디 있고 뒤집어쓸 것이 어디 있겠는가? 본래 오온(五蘊, 인간을 구성하는 물질과 정신의 뿌리)이 모두 공(空)한 것을. 말을 덧붙일 것이 없다.

마하반야바라밀.

당나라 때 도오와 점원이라는 두 스님이 있었다. 어느 날 점원이 스승 도오와 함께 마을 상가에 가서 독경을 하게 되었다. 그때 제자인 점원이 불전(佛前)에 있는 관을 두들기며, 스승에게 물었다.

"생입니까? 사입니까?"

그러자 스승인 도오 화상이 답했다.

"죽었다고도 할 수 없고, 살았다고도 할 수 없다."

도오의 정신세계는 생사를 말할 수 없었다. 그러자 점원은 무슨 말 못할 비밀이 숨어 있다고 생각했다.

"왜 딱 부러지게 말씀을 못하십니까? 대답하지 않으면 스님을 때려야겠습니다. 어떻게 하시겠습니까?"

점원이 다그쳤지만 도오는 이렇게 답했다.

"말할 수 없다. 절대로. 때리고 안 때리고는 네 마음이다."

결국 점원은 도오를 때렸다.

명백히 시체가 있는 관을 보고 어째서 생사를 말할 수 없다고 했을까? 여기에서 우리는 동양 사상의 원형을 발견하게 된다. 말을 하게 되면 진짜가 감춰져버린다. 따라서 숨겨놓고 말을 하지 않는 것이 아니라 진정으로 말을 할 수 없기에 말하지 않는 것이다.

말을 하게 되면 거기에는 무엇인가 근거가 있는 것이 된다. 알고 있으면서도 말하지 않는 것이라면 그것 역시 사고의 연금술, 즉 혼돈에 빠지게 만든다. 진정 말을 할 수 없는 순수한 자각의 밑바탕, 그것이 바로 불이(不二), 즉 둘이 아닌 것으로 바로 사고다.

천당과 지옥, 정신과 물질, 생과 사, 유와 무, 다와 일, 보편과 특수 등등 많은 철학적 개념은 언제나 이원론적 사고가 기초가 되어야 한다. 이원론은 결국 변증법적 사고를 바탕으로 모순, 대립을 통한 창조를 그려낸다. 이것이냐 저것이냐 양자택일을 강요한다. 어느 정도 논리적 타당성을 가지고 있지만, 그것을 지속하는 한 사고의 연금술은 끝없이 진행되며, 우리는 고통에서 벗어날 수 없다. 천당과 지옥, 죽음과 삶, 유와 무를 제대로 아는 것은 이것을 둘로 보지 않는 불이의 정신에 있다. 거기에 영원한 평화, 진정한 박애와 자비가 있는 것이다.

쇠얀 키르케고르는 지식은 체험적이 아니기 때문에 비주체적
이라고 했다.

지혜는 이러한 지식과 달리 체(體)는 변함이 없지만 적용되
는 대상의 측면에서 용(用)은 변화가 있으니 우리 눈에 보이는
실물적인 것이다. 그래서 지혜는 이론적 지식을 초월한다.

내가 갖고 있는 어떠한 이론도 내 것으로 체화되지 않으면
필요 없는 것이다. 의사가 환자에게 어떤 약이 좋다고 해도 약
을 복용해야 하고 그 약이 효과가 있어야 한다.

사랑의 실패로 괴로워하는 사람에게 사랑은 본래 그런 것
이라고 아무리 위로를 해도 그 당사자가 괴로움을 계속 느끼고
있다면, 그런 위로는 아무 의미가 없는 것이다. 이론과 실천,

지식과 지혜는 이렇게 먼 거리가 있다.

《하나님의 사랑》이라는 책을 쓴 하(何) 씨는 어느 날 인생에 대해서 깊은 회의가 들었다. 그래서 인생에 대한 지식이 풍부하다는 어떤 목사를 찾아가 고민을 털어놓고 구원을 요청했다. 그러자 목사는 그 사람에게 "지금 당장 하 씨라는 사람이 쓴 《하나님의 사랑》이라는 책을 읽어보세요. 만약 그 책을 읽고도 구원을 받지 못한다면 구원할 길이 없습니다"라고 했다. 고민을 털어놓은 자신이 그 책을 쓴 당사자인 것을 모르는 목사의 조언에 하 씨는 씁쓸한 마음으로 돌아설 수밖에 없었다.

이 얼마나 아이러니한 일인가? 결국 인간의 본체는 지금 여기 있는 나의 생생한 모습인 것이다. 그래서 주체성이 진리고 지혜이며, 지식의 한계는 비주체성에서 드러난다. 지혜는 이렇게 주체적이고 체험적인 것이기에 지식과 다른 것이다.

스토아학파의 제논은 본래 노예 제도에 대해 반대 입장에 있었다. 그리고 무감동의 '아파테이아(apatheia, 정념과 욕망이 없는 상태)'를 최고의 이상으로 생각하고 실천했다.

그러나 제논도 인간적 한계에서 벗어나기가 지극히 어려웠던 모양이다. 하루는 노예의 잘못에 분노해 노예를 구타하기 시작했다. 노예는 정색을 하며, "주인의 철학에 의하면 나는 먼 옛날부터 이 잘못을 범하도록 설계되어 있었다"고 변명했다. 그러자 제논은 평온한 어조로 "나 역시 그 같은 철학에 의해 너를 구타하도록 설계되어 있었다"고 대답했다.

또 제논은 이렇게 말했다.

만일 승리가 전혀 불가능하다면 승리를 경멸하면 된다. 평화
의 비결은 우리의 성취를 우리의 욕망에 겨룰 것이 아니라 우
리의 욕망을 우리가 성취할 수 있는 수준으로 끌어내리는 것
이다.

이러한 스토아학파의 철학은 세계를 그저 지식으로만 파
악한 것이 아니라 실천으로 파악했기에, 자연에 순응하는 생
활을 해야 한다는 체험에서 비롯된 철학을 내세운 것이다. 스
토아학파는 이론보다 실천적인 윤리를 세계나 인생의 근원이라
고 보았다. 그들이 얼마나 자연에 순응했는지는 모르겠으나 적
어도 서구 사회에서 지식으로만 무장한 인간의 오만과 불손에
경종을 울렸음은 분명하다.
세네카 역시 이와 유사한 말을 남겼다.

만일 당신이 가지고 있는 것이 당신에게 불만족스럽다면 비록
세계를 소유하고 있더라도 당신은 불행해질 것이다.

이러한 서구의 윤리적 실천의 지혜는 어느 정도 결정론적
운명론 위에 구축된 것인데, 여기에 반기를 들고 일어선 것이
에피쿠로스다. 에피쿠로스는 쾌락주의자로 잘 알려져 있는데,

에피쿠로스를 단순한 감각적 쾌락주의자로 오해하는 경우가 많다. 에피쿠로스는 우리는 쾌락을 꾀할 것이 아니라 선택해야 한다고 했으며, 감각적인 쾌락보다 지성의 쾌락을 추구해야 한다고 했기 때문에 그가 많은 사람이 오해하는 것처럼 향락주의자는 아닌 셈이다. 감각은 영혼을 진정시키고 완화시키기는커녕 흥분시키고 산란하게 만들기에 감각적 쾌락을 경계하고 아타락시아(ataraxia, 혼란이 없는 영혼의 평정 상태)라는 마음의 안정을 구해야 한다고 역설했다. 어떤 경우든 이들은 이론보다는 실천에 의해서 인간을 구원하고자 했다.

그렇다면 이제 동양의 지혜를 살펴보자.

우리는 무엇 때문에 괴로워하고, 슬퍼하고, 싸우고 있는가? 결국 욕망의 성취 때문이다. 그런데 그것은 모두 어디에서 오는 것인가? 두말할 것도 없이 마음에서 나오는 것이다. 그런데 그 마음이란 보이지도 만져지지도 가질 수도 없다. 그러한 것을 우리는 있다고 여기며 괴로워하고 있다. 본래 고정불변한 절대적인 실체가 아닌데 실체로 여기고 있는 것이다.

선종의 3조 승찬 대사가 2조 혜가 대사를 만나 물었다.

"저는 숙세(宿世, 전생)의 죄업으로 불치(不治)의 난병(難病)에 걸려 이 같은 고통을 받고 있습니다. 화상께옵서 베풀어 죄장참회(罪障懺悔)의 법으로써 이 목숨을 구해주십시오."

이에 혜가 대사가 답했다.

"오 그런가? 그러면 그 죄업을 이리 내놓아 봐라. 내가 네 죄업을 소멸시켜주마."

"죄란 찾으려 해도 찾을 수 없으니 어떻게 찾아 꺼내라 하십니까?"

"그렇다면 내가 이미 네 죄업을 참(斬)했노라."

우리는 사량분별로 인해 자신의 참모습을 지식을 통해서 표현하고 있다. 그러나 지식은 한 꺼풀만 걷어내고 보면 아무것도 아닌 것이다. 우리는 이 아무것도 아닌 자신을 지나치게 소중하게 여기며 살고 있다. 그것은 일체의 선입견이 만든 관념들이다. 이 관념의 진면목은 어떤 것인가?

나의 출생과 내가 살고 있는 환경들이 나의 관념을 만들고 있다. 그렇게 만든 관념을 나라고 확신하고 있다. 그렇기에 나는 자신에 대한 우상을 만들고 그 틀에 들어가지 않으면 자신을 잃는다고 생각한다. 그것이 곧 나를 구속한다. 나를 자유자재할 수 없도록 만드는 것이다.

당나라 때의 승려 지통 선사는 천연(天然)이라는 법호를 갖고 있었으며, 단하산에서 법명을 크게 떨쳤기에 속세에서는 단하 선사라고 널리 알려졌다.

단하 선사가 어느 날 길을 떠났다가 낙양의 혜림사에 이르니, 때는 엄동설한이라 백설이 분분히 내리고 삭풍이 살을 에는 듯했다. 밤이 깊어갈수록 점점 객실의 추위가 등골을 시리게 해 도저히 잠을 이룰 수가 없었다. 화로에 남아 있던 불마저 꺼져갔다. 그러자 지통 선사는 불쑥 일어나 불전 앞으로 나아가 엄숙히 안치해둔 목불을 번쩍 들어다가 도끼로 쪼개어 불을 붙였다. 바짝 마른 나뭇조각은 이내 불이 붙어 붉은 화염을 내뿜으며 방 안을 훈훈하게 해 견딜 만했다. 마침 이 절의 주지가 사원을 돌다가 이 모습을 보고 깜짝 놀라 소리쳤다.

"이 미친놈의 중아. 이런 몰상식한 일이 세상 천하에 어디 있느냐?"

주지 스님은 격분해 호통을 치고 때릴 듯 달려들었다. 그러나 선사는 들은 척도 아니하고 천연이라는 법호처럼 천연덕스럽게 앉아 있었다. 주지 스님은 더욱 화가 치밀어 입에 담지 못할 말을 하며 꾸짖었다. 그러자 지통 선사는 웃으며 말했다.

"흥분하지 마시오. 석가여래의 몸은 화장해 사리가 많이 나왔다기에 나도 부처님에게서 사리를 얻으려고 하는 것이오."

"이 어리석은 중아. 목불에 무슨 사리가 나온단 말이냐?"

"사리가 안 나올 바에야 나무토막이지 무슨 부처님이오. 나무토막을 추워서 좀 때었거니 무슨 허물이 있단 말이오."

그러고는 나머지 불상도 들어다가 불 속에 집어넣었다.

참된 지혜는 이같이 거침이 없는 것이다. 이러한 지혜가 그 누구도 아닌 우리 자신 속에 있는 것이라면 한 번쯤 이것을 가져야겠다는 큰 용기를 내어봄직도 하지 않은가?

절에 가보면, 어떤 이를 불교 신자라고 불러야 할지 난감하다. 절을 찾아가 부처님께 공양을 올리고, 내 아들 대학 입시에 합격을 바라고, 그 밖에 수많은 인생고의 해결을 위해 소원 성취를 바라는 기도를 하는 사람이 불교 신자인가? 아니면 불경을 외우고 관세음보살을 열심히 부르는 이가 불교 신자인가?

이런 외형적인 신앙 형태만 가지고 불교 신자라고 한다면 나에게 그것은 불교를 잘 모르는 사람들의 판단이라고 여겨진다. 불교가 다른 유일신 형태의 종교와 가장 큰 차이점은 신이 아닌 마음을 믿기 때문이다.

불교의 요체는 신심(信心)이라는 마음에 있지, 신의 계시나 은총을 바라는 데 있지 않다. 따라서 《화엄경》에서는 "믿음이

도의 으뜸으로 공덕의 어머니"라고 했다.

돈을 믿는 것도, 권력을 믿는 것도, 명예를 믿는 것도 아닌 참다운 마음을 믿는 것이 불교 신자라는 것이다. 마음을 믿지 않고 눈에 보이고 만져지는 감각적인 현상에 집착을 두어 그것을 믿고 행동하는 사람은 불교도가 아니다. 사이비 불교인이며, 미신(迷信)을 믿는 사람이다.

그렇기에 불교 신자라면 미신이 아닌 정신(正信, 올바르게 믿는 마음)이 필요하다. 그러면 어떤 마음을 믿으란 말인가? 마음이란 지금 이 순간도 수없이 동요되어 유전하면서 생멸을 끊임없이 일으키고 있으니 마음을 어떻게 믿으라는 말인가?

마음이란 눈에 보이지도 만져지지도 않는 무형인데 그것을 어떻게 해야 하는가? 어딘가에 고정시켜 흔들리지 않게 하라는 말인가?

원효는 마음을 믿지 못하는 사람을 중생이라고 했고, 참다운 믿음을 내는 사람을 대중을 구하는 보살이라고 했다. 중생이 마음을 믿지 못하고 생사의 바다에 매몰되어 열반에 이르지 못하는 것은 오직 의혹과 삿된 집착 탓이다.

의혹하는 사람은 누구인가? 그들은 진리가 무엇인지 모르고 왜 이 세상에 태어났으며, 무엇 때문에 살아가고, 어디로 가는지 모르는 어리석고 무지한 사람을 말한다. 그들은 다만 죽음을 향해 고난 속을 헤매고 속세의 불타는 집에 앉아 자기가 누구인지, 무엇을 할지 모르는 사람이다.

삿된 집착을 하는 사람은 누구인가? 그는 곧 그릇된 고집을 부리는 사람이다. 이 세계는 부단히 생멸하고 있는데 고정된 것이라고 보고 있다든지, 또는 무상(無常)에만 집착해 참다운 실재를 모르는 사람이다. 그의 고집은 지혜를 가리고 실천을 가로막는다.

불교를 공부한 사람 중에서도 그 불법의 진리가 하나인지 여럿인지를 의심하는 사람들이 많다. 만약 진리가 하나라면 다른 진리가 없기에 모든 중생도 없는 것이니 어떻게 보살이 중생을 위해서 넓은 서원(誓願, 중생을 구원하고자 하는 소망)을 일으킬 것인가?

만약 진리가 여럿이라면 진리는 하나가 아니고 모든 사물이 각각 독립, 실재하는 것인데 어떻게 동체대비(同體大悲)의 마음을 일으킬 수 있는가라고 의심하는 것이다.

이렇게 해서 인간들은 서원을 발하지 못하고, 대비를 일으키지 못한다. 그러나 진리란 다른 것이 아니다. 무엇이 있다 없다 하나다 둘이라고 하는 현상계의 잡다한 이원론적 사고는 모두 객관적인 실재가 있는 것인 양 착각한 데서 나타나는 오류인 것이다.

진정한 믿음은 곧 일심(一心)에 있다.

일심밖에 다른 진리가 없는데 다만 무명이 덮어서 일심을 어둡게 하는 파랑(波浪)이 생겨날 뿐이다. 그 파랑이 중생을 만들고, 끝없는 고난의 길을 만든다.

따라서 일심을 믿는 자가 부처를 믿는 사람이요, 일심을 믿는 사람이 대비를 실천하는 사람이다.

다시 한 번 일심이란 무엇인가? 나와 네가 둘이라면 그것은 일심이 아니다. 비록 얼굴 모습이 다르고, 하는 행동이 다르고, 태어난 고향이 다르고, 말이 다르다 할지라도 나와 네가 다른 것은 겉으로 나타난 모습에 지나지 않고, 오직 일심으로는 하나인 것이다.

마음이 하나이기 때문에 동체란 말이 나오는 것이요, 나와 너의 구별을 떠난 무연(無緣), 즉 걸림이 없음을 실천하기 때문에 대비라고 하는 것이다.

따라서 대비가 없는 자는 일심을 믿는 자가 아니다. 일체중생의 고를 내 것으로 생각하지 않는 사람은 동체를 모르는 사람이요, 대비를 실천할 수 없는 사람이다.

현상계의 모든 존재를 나와 관계없는 것으로 이해할 때 집착이 생긴다. 본래 그것이 나와 둘이 아니라고 믿는다면 따로 가질 것이 없지 않은가? 그런데도 불구하고 내 것과 네 것을 구별하는 것은 나와 네가 별개의 것이라는 사고방식에서 나온 것이다. 그러한 사고는 곧 자유를 구속한다.

오늘날 불교 신자들이 참으로 자신이 믿음을 가진 자라고 여긴다면, 대비의 서원이 구체적인 실천으로 나타나야 한다. 물론 많은 경우 신앙이 개인적인 동기에서 출발한다고 하지만, 진정한 믿음의 싹을 틔우려면 자기 애착에서 벗어날 수 있어야 한다.

기복(祈福) 불교도 불교의 한 양상임을 부정할 수는 없다. 하지만 그것은 참다운 불교가 아니다. 그것은 다만 애착만 증강시킬 뿐 대비가 없다. 진정한 의미에서 복이 성취된다는 것은 나를 위한 것이 아니라 너를 위해 서원을 세울 때 이뤄지는 것이다.

중생은 나의 일심만 알고 너의 일심을 모른다. 일심이란 나와 너를 하나로 보는 것인데, 그것을 몰라서 남을 비난하고 남과 대립하고 소유하려고 한다. 소유한 것은 언젠가는 버려야 할 것이다. 일심이 곧 존재이지, 소유가 존재는 아님을 이해할 때 중생을 건지겠다는 대비의 서원이 일어날 것이다.

지금 이 순간 이웃을 외면하지 않을 때, 진정한 불교 신자로 거듭날 수 있다는 것이다.

나 자신만에 대한 애착을 버리고 너를 위할 줄 알고 실천하는 사람이 참된 신자다.

종교인의 양심

종교의 상업주의나 내실 없는 외형적 성장은 오래된 문제다. 불교만 해도 역경 사업, 도제 양성, 포교의 현대화 등을 줄기차게 부르짖으면서도 불교가 현대 산업화 사회에 어떻게 적응할 것인가를 모색하는 제도 개혁에 대해 오랜 진통을 겪고 있는 것을 보면 일반 종교에 대한 문제 제기는 수긍할 만하다.

한국의 종교 문제는 종교 내적인 것보다 외적인 것에서 많이 야기된다. 불교든 기독교든 종교는 일반 사회와 격리되어 존재하는 것이 아니다. 어디까지나 인간의 역사·문화·사회 속의 종교다. 그러다 보니 치병이나 기복을 목적으로 한 미신이 대두될 수밖에 없는데 모두 요행을 노리는 비합리적인 사고의 표본이다. 종교가 진리에 대한 구도에서 벗어나 개인 성취의 도구로 전락해서는 안 된다. 물론 이것은 사회적 불안을 종교가 시원하게 해소하거나 건강한 방향으로 전환하지 못한 탓이기도 하다.

종교적 병리 현상을 극소화시키려면 그 사회의 정치·경제·교육·문화·예술 전반이 균형감을 갖고 상호 견제할 수 있어야 한다. 한국에서 여러 종교가 공존하는 것은 우리 민족의 전통과 역사를 살펴볼 때 양질의 문화적 힘이 되는 것이지 부정적인 요소는 아니라고 본다. 민주주의가 공고화되고, 사회가 안정되면 자연스럽게 종교계에서도 요행을 바라는 풍조는 사라지고 종교의 역할도 지금과는 상당히 바뀔 것이라고 여겨진다.

따라서 종교적인 병리 현상이 해소되려면 종교 지도자의 도덕적·윤리적 각성과 함께 사회 전반적으로 지도층이 도덕적인 규범을 생활화하고 절도 있는 태도를 보여야 할 것이다. 사회가 흐려지면 종교 사회도 탁해진다. 사회는 흐리지만 종교계는 맑아야 한다는 일방적인 요구만 내세우며 사회와 종교계의 공동 책임을 종교에만 전가하려는 태도는 생산적인 것이 못 된다. 사회 전체가 뼈아픈 책임을 통감해야 한다.

물론 종교계의 철저한 자각과 참회가 선행되어야 할 것이다. 사회나 신도에게 아부하거나 시대적인 적용을 하기 전에 교리에 대한 철저한 탐구와 계율의 생활화가 전제되어야 한다. 종교인은 언제나 자기 위선을 볼 줄 아는 양심의 거울을 닦아야 한다. 종교인들의 가슴속에 고뇌에 찬 순교자적인 사명감이 불타오를 때 오늘의 병리적인 현상은 극복될 것이라고 믿는다.

세속과 출가 사이에서

구도의 길을 떠난 보살이 수행하는 근본 목적은 상구보리 하화중생(上求菩提 下化衆生)에 있다. 위로는 깨달음을 구하고, 아래로는 중생을 교화하는 것이니 이것은 승속(僧俗)을 막론하고 불교가 무엇이냐고 묻는 이들에게 공식처럼 대답하는 것이기도 하다. 그렇다면 이때 깨달음은 무엇이고, 교화에 해당하는 가르침은 무엇인가?

깨달음이란 근본으로 돌아가는 것이요, 가르침이란 이 근본을 보여주는 것이다. 근본이란 무엇인가? 그것은 청정 근원으로 회귀하는 것이며, 자비라는 원점으로 돌아가는 것이다. 지금 우리는 원점이 어디인지 모르고, 아집과 독선의 늪에서 방황하고 있다. 본래 무상을 보고 무아를 확인하고, 고(苦)를 느끼는 것이 바로 세속이다.

철저하게 무상과 무아를 본 사람이 곧 열반의 사덕(四德)인 상락아정(常樂我淨, 번뇌의 고통이 사라지고 걸림이 없는 경지)에 들어간다. 출가란 이렇게 처절한 염원 아래서 이뤄지는 것이기 때문에 세속의 온갖 탐욕과 명예를 헌신짝 버리듯 던져버릴 수 있는 것이다. 그리고 자아의 근본으로 돌아가기 위해 끈질긴 난행(亂行), 고행(苦行)을 지속한다.

현대 산업 사회에서 종교는 하나의 조직 기구로서 세속적인 체계가 없을 수 없다. 그러한 체계는 부처님 당시부터 존재해온 것이 사실이다. 하지만 부처님 당시나 그 이후에도 종단의 대표자가 되는 길은 오직 수행과 덕을 쌓은 성스러운 출가자가 되는 것이 상식이었다. 투표나 조직에 의한 출가자가 승가(僧家)의 대표가 될 수는 없는 것이다.

승가란 그것이 정신적이고 영적인 세계를 추구하는 초월자들의 모임이지, 물질을 중요시하고 그것에 가치를 두고 있는 세속의 모임이 아니다. 그렇기에 승가의 질서는 세속적인 사회의 질서와 다른 초월의 질서로 운용되어야 한다.

세속에게 출가의 법을 묻는다는 것은 우리가 의지해야 할 마지막 보루가 무너지는 것이다. 인간이 아무리 소외되고 잔혹해지더라도 최후의 성전은 남아 있어야 하지 않겠는가?

출가인은 누구나 자신이 왜 출가를 했는지, 재가자(在家者)는 자신이 무엇에 귀의했는지 다시 한 번 생각해봐야 한다. 모두가 근원으로 다시 돌아가 생각하며 허심탄회하게 부처님 앞에서 참회해야 한다. 승속을 막론하고 부끄러움을 자각하고 형식적인 참회가 아니라 진실한 참회를 해야 한다. 이렇게 할 때 비로소 다툼이 사라지고 화합의 길이 열릴 것이다.

서로 화합하는 것이 곧 열반이고 고집을 부리며 끝없이 다투는 것이 곧 세속이다. 화합은 상대방을 인정하는 것이다. 옳다고 주장할 때도 한 발 물러날 줄 알아야 하고, 틀리다고 주장할 때도 옳은 것을 일부 인정할 수 있어야 한다. 물과 우유가 서로 화합하는 것은 서로가 서로를 받아들이기 때문이다.

아집과 독선으로 다투고 화합하지 않는다면, 출가의 본뜻을 살피고 진정한 마음의 출가를 하지 않는다면, 어디에 있든 세속일 것이고 세속의 고통에서 벗어나지 못할 것이다.

반면 진심 어린 마음의 출가를 할 수 있다면 그곳은 어디든 청정한 도량이 되는 것이다.

정의란 무엇인가

수년 전 마이클 샌델이라는 하버드대학 교수의 《정의란 무엇인가》라는 책이 공전의 히트를 기록했고, 지금도 꾸준히 많은 사람의 사랑을 받고 있다. 이유는 아마도 우리 사회에서 명백한 정의를 발견하기 어려웠거나 정의라는 개념이 모호해지는 순간을 많이 경험했기 때문이리라.

이러한 한국 사회에서 정의가 과연 무엇인가를 불교 철학에 비추어 살펴보는 것도 의미 있는 일일 것이다.

먼저 불교와 정의의 관계에 대해 생각해보자.

오래전 우리나라의 모 대학교수가 '사회의 정의'라는 주제 강연에서 다음과 같은 황당한 주장을 한 바 있다.

우리 국민에게 정의감이 부족한 것은 한국인의 도덕적·윤리적 관념이 전통적 종교의 긍정적이지 못한 면에 바탕을 둔 탓이다. … 모든 현상을 자비를 통해 해석하려는 불교의 영향은 한국의 가장 뿌리 깊은 종교로 정의를 약화시키는 데 중대한 역할을 한 것 같다.

자비가 정의를 실현하는 데 장애가 된다는 억지 주장에 놀라움을 금할 수 없다. 우리가 정의를 실현하려는 이유가 무엇인가? 정의의 목적이 자비일진대 어떻게 자비가 정의에 방해가 된다는 발상을 할 수 있겠는가?

우리가 정의를 실현하려는 이유는 그것을 통해 나 개인은 물론 우리 사회와 국가의 행복을 증진하려는 것이다. 이 교수의 주장대로라면 불교가 자비를 주장하지 않았다면 정의가 강화되었어야 한다는 것이다. 그렇다면 자비의 반대는 폭력인데, 폭력을 통해서 정의가 강화된다는 이야기인가? 설마 양식이 있는 교수가 그런 생각으로 강연을 하지는 않았을 것이고, 단순한 실수였다고 믿고 싶다.

대중이 황당한 변설들에 현혹될까 예를 하나 들어보았지만 논리의 비약이 극심한 궤변(詭辯)에 연연하지 말고, 차제(此際)에 불교 철학에서 말하는 정의가 무엇인지 살펴볼 일이다.

불교에는 파사현정(破邪顯正)이라는 개념이 있다. 즉 사도를 배척하고 정의를 나타냄을 의미하는데 불교의 모든 종파는 이 파사현정을 종지(宗旨, 종문의 근본 취지)로 삼고 있다고 해도 과언이 아니다.

파사현정은 모든 그릇된 견해, 도리, 집착을 부정함으로써 정의가 드러난다는 뜻인데, 그릇된 견해를 제거함으로써 바른 견해를 얻고 그릇된 집착에서 벗어남으로써 해탈이라는 대자유를 얻는다. 따라서 정견과 해탈, 이것이 불교에서 말하는 정의다.

일반인들이 생각하기에 파사와 현정이 둘로 나눠져 있다고 보기 쉽다. 그러나 불교 철학에서는 파사면 곧 현정이다. 만약 파사가 있고, 그 밖에 따로 현정이 있다면 다시 현정에 집착할 것이므로, 다른 이의 사견을 깨뜨림과 동시에 자기 자신이 또 하나의 사견에 지박하게 될 것이기 때문이다. 그것은 진정한 파사현정이 아니다.

다시 말해 파사라는 것은 객관적으로 영구불변하게 상주하는 어떤 것이 아니며, 현정이라는 것은 파사된 주체 이외에 따로 독립적인 실체를 가지는 것이 아니다. 따라서 그릇된 견해가 없어지면 곧 바른 이치인 정의가 나타나는 것이다.

정의는 우리가 투쟁을 해 쟁취해야 할 대상이 아니다. 정의를 싸워서 획득해야 할 것이라면 대립은 언제까지나 극복될 수 없을 것이다. 정의는 대상화된 어떤 것이 아니며, 우리의 견해가 바르고 집착을 벗어나 있으면 곧 정의는 구현된다.

파사현정의 부정의 논리는 현실 세계와 현존재를 부정하

는 것이 아니다. 그것은 우리 생활이 바르지 못한 것, 이기적이고, 불합리하고, 독단적인 것을 부정하는 것이다. 이 부정을 통한 참의 실현이 파사현정의 목적이다.

부처님의 실천적 가르침은 주로 팔정도로 대표된다. 팔정도는 정견에서 시작해 정정진으로 완수된다. 출발점이 정견이니 정견만 똑바로 이뤄지면 거기에서 정의가 이뤄지는 것이다.

정견이란 일체 망상을 떠나는 것이다. 이 망상을 깨뜨리는 것이 파사다. 어떻게 하면 파사를 이룰 수 있을까? 그것은 하나에 집착하는 것을 부정하고, 중도를 실현하는 일이다. 있다 혹은 없다에 집착하지 않고, 옳고 그르다에 집착하지 않는 일이다.

이러한 중도를 실현하는 것은 끝없는 자기반성을 통해서 가능하다. 이것을 다른 말로 참회라고 한다. 시비를 끊어내려면 끝없는 참회가 필요하다.

참회의 참(懺)이라는 글자 속에는 자기 마음속에서 일어나는 시비의 생각을 칼로 끊어버린다는 뜻을 갖고 있다. 시비는 마음이 일으키는 하나의 현상이다. 이것을 부정하는 데서 절대적으로 정의로운 행위를 할 수 있는 힘이 발휘된다.

시비는 독단을 일으키고 독단은 폭력을 부른다. 강력한 지도력을 발휘하려면 독단도 필요하다고 주장한다. 독단과 폭력에 의해서 지금껏 정의는 희생되어왔다. 불의가 무엇인지 알면 정의가 실현될 수 있다. 파사면 곧 현정인 것이다.

다시 본래의 주제로 돌아가 보자. 그렇다면 파사현정과 자비는 어떤 관계에 있는가? 파사이면 현정이듯 현정이면 자비다. 불의가 깨뜨려지면 정의가 드러나고 정의의 구체적인 실천이 자비다.

삿된 집착은 독단이며 극단주의를 낳는다. 이것은 시비를 부정하고 벗어나 중도에 도달한 사고에서는 발생할 수 없다. 이 부정을 통과하지 못한 생각은 삿된 집착이 된다. 그릇된 망상, 집착에서 벗어나고 해방되면 자성(自性)이 공(空)하다는 것을 깨닫는다. 자성이 공하다는 것을 깨달아 작은 나에 집착하지 않기 때문에 자비가 드러난다.

자비는 자애롭기 한이 없는 마음이다. 비(悲)란 고난을 같이 나누는 마음으로 중생에게 낙을 주고 고를 없애준다. 이렇게 독단에서 벗어나면 동체대비의 마음으로 자비를 베풀게 된다. 이것은 대립을 벗어나 있다.

만약 정의라는 것을 실현하기 위해 나만 옳다는 독단을 가진다면, 그것은 또한 새로운 대립을 발생시키고 역사를 통해서 끊임없이 새로운 동지와 적을 만들어낼 것이다. 그것은 인류에게 원수를 원수로 갚는 악순환의 고통스러운 역사를 선사할 것이다.

우리는 자비가 무엇이고 정의가 무엇인지 똑바로 봐야 한다. 아무리 힘 있는 사람일지라도 그가 독단에 치우쳐져 있다면, 우리는 그 사람에 대해서 먼저 자비의 대상으로 삼아야 한다. 자비의 힘으로, 그의 시비에 빠진 삿된 집착을 파사(破邪)해, 독단을 깨뜨려야 한다.

파사현정하려면 큰 자비의 마음을 먼저 가져야 한다. 대자비를 바탕으로 파사현정하며, 정의를 실천하는 것이니 대자비는 수동적인 것이 아니라 능동적인 것이기 때문이다. 덧붙여 정의에 대해서도 자비에 대해서도 그릇된 상에 집착하지 말아야 한결같이 흔들리지 않는 불변의 절대적인 진리를 만날 것이다.

우리 개개인은 부처님의 거룩한 마음속에 하나라는 것을 굳게 믿어야 한다. 일체중생의 본성이 불성이라는 것을 알고, 그것을 따르는 것이다.

사회생활을 하면서 내 마음에 맞지 않는 사람을 만나고, 거스르는 말을 들을 때가 있다. 그럴 때면 내 마음을 돌이켜 그 사람은 나를 성공시키는 협조자로, 조언자로 받아들여 오히려 감사하는 마음을 가져야 한다. 그리고 불편한 언행을 보고 듣는다면, 그것은 본래 있는 것이 아니라 하나의 그림자처럼 생각한다. 그것은 그림자처럼 곧 사라져버릴 것으로 연연하지 않는 것이다.

그 모두가 미혹의 잔재일 뿐이다. 이런 불편한 경계를 만날 때일수록 오히려 대비의 마음을 가지고 대원을 세워야 한다. 모든 이가 자신과 같이 부처님의 무한한 공덕과 위신력을 함께 쓰고 있는 위대한 존재임을 굳게 믿어야 한다. 그 믿음을 바탕으로 중생들을 번뇌 망상의 진흙 구덩이에서 건져내겠다는 서원을 굳건히 세우는 것이다.

각자가 생활하고 있는 영역에서 자신이 맡은 일에 충실히 하는 것이 곧 일체중생을 건지는 근본적인 힘이라는 것을 알아야 한다. 단 한 사람의 마음을 편하게 했더라도 그것은 곧 일체중생의 마음을 편안하게 한 것이다.

나를 떠나서 부처님이 따로 있지 않고, 부처님을 떠나 따로 내가 있지 않는 것이다. 그렇기에 일체중생에게 예배해야 한다.

평소에 잘 알고 지내던 한 불자는 상관이 자기는 아무 잘못도 없는데 출근해서 퇴근할 때까지 아주 사소한 일로 트집을 잡고 미워해 도저히 직장 생활을 할 수 없는 지경이었다고 한다. 견디다 못해 사표를 쓰려고 작심한 차에 나를 만났다.

나는 그 사람에게 사표를 쓰지 말고 내가 하라는 대로 하라고 권고했다. 그에게 권한 바는 이런 것이었다. 그 사람이 나를 미워하는 것은 그 사람의 잘못이 아니라 내가 그 사람에게 미움을 줄 만한 어떤 태도가 지금 혹은 예전에 나에게 내재해 있었기 때문이다. 그것은 아마도 내가 그를 미워하는 마음에서 비롯된 것으로 보인다.

따라서 그 사람이 바뀌기를 바라지 말고 당신이 먼저 바뀌어야 한다. 어떻게 바꾸느냐 하면, 매일 아침 그 사람을 위해서 기도를 하는 것이다.

당신은 나의 은혜로운 사람입니다.
내가 당신의 마음을 괴롭힌 것을 사과합니다.
대단히 미안합니다.
나는 당신을 사랑하고 아끼고 있습니다.

이렇게 작심하고 상사를 위해 기도하고, 상사를 만나면 정중하고 사랑스러운 마음으로 대하고 상사의 잘못과 비행을 따지지 말라고 일러주었다.

그런 일이 있고 일주일이 지나 그 불자를 다시 만나게 되었다. 불자는 밝고 환한 얼굴로 기쁨에 차 있었다. 내가 시킨 대로 매일 아침저녁으로 기도를 했으며, 그 결과 지금은 그 사람과 직장에서 가장 친한 사람이 되어 얼마나 마음이 유쾌한지 모른다고 했다.

불자의 생활은 이런 실천에 있다. 이러한 실천을 통해서 내 마음 위에 새로운 세계가 창조된다. 사람들은 시비를 반드시 따져서 옳고 그름을 분별한다. 칭찬할 일과 비난할 일을 나눈다. 그러나 불성의 관점에서 보면, 이 모든 것이 자비가 실현된 모습이다. 시시비비는 나의 착각의 소산이요, 내 마음의 그림자에 불과한 것이다.

불성은 오직 찬탄뿐이다. 따라서 내 눈에 아무리 나쁜 모습으로 비치더라도 그것은 청정한 자성 위에 그림자로 가려워진 것임을 알고 칭찬을 아끼지 말아야 한다. 혹자는 이것이 위선이 아니냐고 물을 수도 있다.

그러나 선악을 구분하는 것은 나를 중심으로 사고해서 생긴 것일 뿐이다. 나의 껍데기인 것이다. 따라서 칭찬과 찬탄으로 일관하는 것은 위선이 아니다.

내가 가진 모든 힘을 다해 내 마음에 하나의 대립도 남기지 않고 회향하는 마음으로 살아야 한다. 부처님과 내가 둘이 아니라는 것을 믿고, 부처님의 무한한 공덕과 자비를 받는 긍정적인 인간으로 거듭나야 하는 것이다. 이것을 삶 속에서 실천하는 것이 생활 속의 신자로 사는 길이다.

6장
진리의 길을 걷는다

새로운 구원의 시대

현대는 산업 사회다. 혹자는 우주 시대, 또는 정보화 시대, 전자 공학 시대라고 말하는 사람도 있다. 캐나다의 문명비평가인 마셜 맥루헌은 통신의 발달에 따라 지구상의 모든 사람이 한 동네의 일원이라는 의식을 갖게 되었다고 해서 '지구촌'이라는 단어를 만들어내기도 했다.

이러한 지구촌 시대의 특성은 무엇일까? 첫째, 규격화로 인해 옛날의 지방색은 찾아볼 수 없고, 주유소, 광고판, 획일적인 주택들이 즐비하게 되었다. 둘째, 직업은 분업화로 인해 완전한 사람을 원하는 것이 아니라 사람의 능력 중 일부만 필요로 하게 되었다. 셋째, 동시화로 인해 농경 사회와 달리 시간을 엄수하는 것이 중요하게 되었다. 그 외에도 집중화, 극대화,

중앙 집권화 등의 특성이 나타난다.

이들은 모두 생산의 대량화, 신속성을 요구하기 때문에 발생한 특징이다. 생산이란 결국 물질을 통한 생활의 효율성, 편리성을 요구한다. 오늘날 사회는 유용하고 편리하지 않으면 필요가 없고 가치가 없다. 농경 사회에서 시간에 연연하지 않고 자연스러운 생활을 영위했던 것과 대비된다.

현대는 과학 문명이 발달한 결과로 다음과 같은 가치관이 형성되었다. 첫째, 물질지상주의, 둘째 배금주의, 셋째 자동화 숭배주의, 넷째 편리주의, 다섯째 기계의존주의 등으로 인해 인간들은 자기 소외, 인간성 상실이라는 문제점이 따르게 되었으며, 그로 인해 허무주의, 죄의식과 방황, 가치관의 전도, 영웅의 소멸 등으로 마침내 인간은 고향을 상실하고 허공에 빙빙 도는 팔랑개비 신세가 되고 말았다. 분명한 지향점이 없는 영웅이 사라진 시대가 도래한 것이다.

이러한 시대 상황이 이어지자 사람들 속에서 인간 본래의 모습으로 구원받아야겠다는 생각들이 자라났다. 프리드리히 니체가 신은 죽었다고 선언함으로써 이제 신은 우리의 구원자가 아니다. 니체는 초인을 말했지만, 그러한 초인은 실제로 등장하지 않았다. 나타났다고 해도 참 인간적이었다.

이런 세태 속에서 구원이란 무엇을 의미하는가? 구원이란 말은 기독교에서 나온 말로 인류를 죄악과 고통과 죽음에서 건져낸다는 것을 의미한다. 신은 인간을 지상의 지옥에서 천상의 천국으로 인도할 수 있다는 것이다. 구원이라는 말은 이처럼 인간 아니 인류 전체를 처음부터 죄악과 고통, 죽음이 있다는 데서부터 출발한다. 그것은 인간 본래의 모습으로 구원을 받고자 하는 현대적인 상황과 맞지 않는다.

구원의 의미를 불교에서는 좀 다르게 사용하고 있다. 불교는 구원이 아니라 해탈이다. 인간은 번뇌와 망상으로 구속되어 있는 것을 풀어서 본래 자유의 자리인 붓다의 세계로 돌아간다는 뜻이다.

해탈은 무엇으로부터 떨어져 나감을 말한다. 번뇌와 망상을 끊어 본래의 참다운 모습으로 회귀하는 것이다. 부처라는 본래의 자리로 돌아간 것이 깨달음이다.

이제는 신을 통한 구원이 아닌 깨달음이 구원이 된 시대다.

세상의 모든 부처를 만나다

선남자여, 여래의 공덕은 가령 시방에 계시는 일체 모든 부처님께서 불가설불가설 불찰극 미진수 겁(不可說不可說 佛刹極 微塵數 劫, 무한의 시간)을 지내면서 계속해 말씀하시더라도 다 말씀하지 못하느니라. 만약 이러한 공덕문을 성취하고자 하거든 마땅히 열 가지 넓고 큰 행원(行願, 큰 뜻을 품고 수행하는 것)을 닦아야 하나니 열 가지란 무엇을 말함인가?

첫째, 세상의 모든 부처님께 예배하고 공경하는 것이다.

둘째, 부처님을 찬탄하는 것이다.

셋째, 널리 공양하는 것이다.

넷째, 업장을 참회하는 것이다.

다섯째, 남이 짓는 공덕을 기뻐하는 것이다.

256

여섯째, 설법해주기를 청하는 것이다.

일곱째, 부처님께서 이 세상에 오래 계시기를 청하는 것이다.

여덟째, 항상 부처님을 따라 배우는 것이다.

아홉째, 항상 중생을 순한 마음으로 따르는 것이다.

열째, 지은바 모든 공덕을 널리 회향하는 것이다.

이것은 보현보살의 십대행원이다. 내가 이 〈행원품〉을 처음 만난 것은 1964년 5월경이었다. 그때는 지금과 같이 불교 법회가 많지 않을 때였고, 더구나 불가에서도 수행을 강조하는 경향이 널리 대중에게 확산되지 않았을 때였다.

마침 서울 근교에서 군대 생활을 하고 있던 시절이라서 외출을 나오면, 동국대학교의 대학 선원에 자주 들러 참선 공부도 하고 법문도 들었다. 그러던 어느 날 지금은 미국에 계신 P 교수님이 〈보현행원품(普賢行願品)〉《화엄경》 제40권)을 인쇄해 강의하는 것을 들을 수 있었다.

지금도 생생히 기억나지만 〈행원품〉에 나오는 소위 "선남자여 모든 부처님께 예배하고 공양한다는 것은 진법계 허공계 시방삼세 일체불찰 극미진수 모든 부처님을…"이라고 하는 대목에서 부처님의 수효에 관한 강의를 듣고 큰 감흥을 받았다.

오랫동안 머리에서는 그렇게 많은 부처님은 과연 어디에 있단 말인가? 과연 그 많은 수효의 부처님을 어떻게 이해할 것인가? 참으로 막막할 뿐이었다. 후일 그때 설명을 더듬어보았을 때 원을 그리고, 그 원이 부처라면 그 속에 또 수없이 많은 부처가 계신다는 뜻으로 해석했는데 완전히 이해할 수는 없었다.

P교수님을 찾아가 여쭤보니 〈보현행원품〉을 수천 번은 읽어야 이해할 수 있을 것이라고 말씀해주셨다. 그래서 며칠을 아무것도 하지 않고 〈보현행원품〉만 읽었더니 그제야 행원품의 정신을 조금 이해할 것 같다고 말씀드리기도 했지만, 나는 여전히 수없이 많은 부처님의 대목에 막혀서 〈행원품〉의 근본인 대비행원을 명확하게 알 수 없었다. 그래서 조그맣게 인쇄한 〈보현행원품〉을 가방 안에 넣어 다니면서 매일 아침 독송했다.

김포 뻘에 한강을 끼고 설치한 철책선은 퍽 지루했다. 새벽이면 눈을 뜨자마자 〈보현행원품〉을 읽는 것으로 일과를 시작했다. 일 년은 벙커 생활을 했고 내가 책임자였기 때문에 그런대로 자유로운 시간을 누리며 높은 소리로 〈보현행원품〉을 읽을 수 있었다.

그러나 그 후 전출된 대대본부의 숙소는 일고여덟 명의 장교가 있는 숙소여서 다른 사람보다 일찍 일어나 전깃불을 켜고 독자적인 일과를 진행하는 것이 힘들었다.

그때만 해도 아직 군부대에 일반적인 한국전력의 전기가 들어올 때가 아니어서 초저녁만 발전기를 돌려서 사용하다가 일정한 시간이 되면 기름을 아끼기 위해서 절전하고, 석유 호롱불을 써야 했다. 내 생활의 리듬을 깰 수 없어 새벽에 파카를 뒤집어쓴 다음 아무도 없는 텅 빈 사무실에 호롱불을 켜고,

〈보현행원품〉을 읽었다. 하지만 아무리 읽어도 그 뜻을 헤아릴 수 없었다. 다만 읽는 것 자체가 나의 생활이요, 신앙이 되고 있었다.

그러던 어느 날이었다.

극미진수, 모든 부처님을 내가 보현행원의 원력으로 눈앞에 대하듯 깊은 마음을 내어서 청정한 몸과 말과 뜻을 다해 항상 예배하고 공경하되 모든 부처님 계신 곳마다 불가설불가설 불찰극 미진수 몸을 나투고 모든 몸으로 불가설불가설 불찰극 미진수 부처님께 두루 예배하고 공경하는 것이니…

이 대목을 읽다가 문득 부처님을 '눈앞에 대하듯'이란 단어가 참으로 가슴에 생생하게 와닿으며 깊이 공감이 되었다. 부처님을 향해 예배하고 공경하는 마음의 태도는 반드시 '눈앞에 대하듯' 해야 하고 또 그렇게 믿어야 한다는 생각이 들었다.

그러나 의문은 계속되었다. 그러면 그 많은 부처님은 과연 누구이며, 어디 계시느냐의 문제였다. 절에 계신 부처님인가? 아무리 많은 부처님의 불상을 만들었다 해도 그 수효가 어떻게 미세한 티끌같이 많은 수효가 될 수 있을 것인가?

이 문제는 가슴속 깊은 곳에서 시원하게 풀리지 않았다. 물론 그때만 해도 중생이 곧 부처요, 마음과 부처와 중생이 차별이 없다는 것을 모르는 것은 아니었다. 다만 그것을 지식으로 알았지 가슴 깊이 이치가 와닿아 하나로 연결된다는 것은 모르고 있었다. 그것을 믿음을 통해서 진실로 깨달았다면, 고통에 짓눌려 지내며 그토록 오랜 시간을 방황하고 괴로워하지 않았을 것이다.

세월은 무심히 흘러 군에서 제대를 하고, 사회에 첫발을 내딛게 되었다. 직장을 잠시 그만두고 해인사로 가는 길에서도 〈보현행원품〉을 읽었다. 그러나 여전히 그것은 내 일상적인 신앙생활에 지나지 않았다.

그러다 불광법회에 관여하게 되었고, 마침 광덕 스님이 《화엄경》〈보현행원품〉을 강의하고 있었다. 그때 극미진수 제불세존의 그 많은 부처님을 어떻게 표현하는가를 마치 굶주린 사람이 밥을 생각하듯, 어린아이가 어머니를 생각하듯 기다리고 갈구했다. 마침 스님이 그 많은 부처님이 바로 우리 중생 한 사람 한 사람이라는 말에 어둠이 갑자기 걷히고 밝은 지혜가 드러나는 경험을 하게 되었다.

그때 그 속에서 그 많은 수효의 부처님이 누구인지 확연하게 떠올랐고, 추호의 의심도 남김없이 맑은 하늘에 태양 같은 깨달음을 얻게 되었다.

그렇다. 바로 지금 내 옆에 있는 일체의 모든 것이 부처구나. 사람은 누구도 부처가 아닌 사람이 없으며 소, 말, 돼지 같은 짐승마저 모두가 부처구나.

아주 오랫동안 어둠 속에 묻혀 있었다. 《열반경》의 일체실유불성(一切悉有佛性, 모든 것이 불성을 지니고 있다)이라는 말도 뚜렷하게 다가왔다. 부처가 아닌 것이 없다. 동일법성이요, 동체대비라는 개념도 술술 풀렸고, 교리 속의 연기법이 확연하게 이해되었다.

내가 이러한 사상을 얼마나 삶 속에서 실천하느냐는 아직 부족함도 많을 것이며, 많은 과제가 남아 있지만 적어도 생각으로는 깨침을 얻었고, 그 기쁨은 나를 흥분의 도가니로 몰고 갔다.

물론 나는 여전히 일체가 부처임을 알고 있어도 그것을 현실에서 철저하게 실천하고 있지 못함을 고백하지만 적어도 내 마음속을 답답하게 하던 무명의 응어리는 환하게 풀렸다.

또한 보현의 대비원력은 인간의 무한한 능력과 통하는 것이다. 〈보현행원품〉이 말하는 대비는 이런 것이다.

만약 보살이 능히 중생을 수순(隨順, 순하게 따르다)하면 곧 모든 부처님을 수순해 공양함이 되며, 만약 중생을 존중히 받들어 섬기면 곧 여래를 존중하고 받들어 섬김이 되며 만약 중생으로 하여금 환희심이 나게 하면 곧 일체 여래로 하여금 환희하게 함이다.

어찌한 까닭인가? 모든 부처님께서는 대비심을 일으키고 대비심을 체로 삼는 까닭에 중생으로 인해 보리심을 일어나게 하고, 보리심을 바탕으로 등정각(等正覺, 올바른 깨달음)을 이룬다.

중생이 없으면 대비심도 없고, 대비심이 없으면 보리심도 발하지 못하며, 보리심이 일어나지 않으면 등정각도 이룰 수 없다.

따라서 보현보살의 대비심은 곧 중생이 있기 때문이다. 중생을 떠난 부처나 보현보살은 존재할 수 없다. 대비심은 곧 보현행원의 십대행원을 실천하는 것이다. 십대행원은 모두가 한가지로 통하는 것이니 이 중에 하나만 제대로 실천해도 십대행원을 모두 실천하는 것이다.

모든 중생을 부처로 보는 눈을 가져야 한다. 나의 주변에 있는 모든 것이 부처님이 하나하나 나툰 것이라는 것을 깨닫는 순간 불법의 진면목, 만물의 진면목을 만나게 될 것이다.

부처님의 가르침에 팔만 사천 가지가 있다. 하지만 궁극적인 실천은 회향(回向)이다. 회향이란 돌려보낸다는 뜻으로 내가 지은 모든 공덕을 일체중생에게 돌려주는 것이다. 그리고 사실은 이것이 가장 큰 공덕을 쌓는 비결이다.

　우리가 부처님을 믿고 말씀을 따라 수행한다는 것은 나 자신을 위함이 아니라 바로 일체중생에게 공덕을 돌리자는 것이다. 중생이 없다면 어떻게 부처님 법을 수행할 수 있겠는가? 중생이 있기 때문에 우리의 수행과 믿음이 가능하게 되는 것이다. 그렇기에 우리의 수행과 믿음은 곧 중생의 것이지 내 것이 아니다.

　나의 모든 공덕을 중생에게 돌려준다는 것은 곧 일체의 애착을 끊는 것이다. 모든 번뇌와 망상은 애착에 있는 것이니, 애착을 끊는 무소유에서 곧 일체가 내 것이 되고 나와 네가 하나가 되는 것이다.

나와 네가 둘이 아님을 깨닫는 것이 대자대비의 출발점이된다. 나는 나, 너는 너라고 할 때 그때 나는 부처님을 믿는 것이 아니라 허상을 믿는 것이다.

우리는 얼마나 많이 내 것을 주장하고 살아왔는가? 내 주장, 내 집, 내 차, 내 가족, 모두가 내 것이었다. 그러나 그것들을 곰곰이 생각해보면 과연 내 것인가? 고유한 자성은 하나도 없다는 것이 불법의 가르침이다. 모두가 인연에 의해서 잠시 얽혀진 것뿐이다. 그것을 내 것으로 생각하기 때문에 우리는 얼마나 많은 갈등을 빚고 싸움을 벌이는가?

부처님과 중생은 본래 둘이 아니다. 따라서 부처님께 회향하는 것은 곧 중생에게 회향하는 것이요, 중생에게 회향하는 것이 곧 부처님에게 회향하는 것이다.

내 것이라고 집착하면 그것은 이미 하나의 대상을 갖는 것이요, 대상이 있는 한 영원할 수 없다. 그 대상은 우리의 이 청정무구한 마음에 나타나는 것이다. 마음이 한 점 티끌도 없이 청정할 때 그것이 회향하는 것이다.

나는 이만큼 부처님께 공양을 올렸는데, 이제 부처님이 이만큼 보답을 할 것이라든지 또는 처음부터 보은을 생각해 보시를 한다든지 이러한 일들은 참다운 부처님을 믿는 태도가 아니다.

가장 가까이 있는 중생을 위해 따듯한 말 한마디, 칭찬과 찬탄을 보내고 그에게 예배하고 공경할 때 그것이 참다운 회향이다. 회향은 일심(一心)에서 혹은 무심(無心)에서 이뤄지는 것이지 알음알이로 비교하고 생각하는 데서 얻어지는 것이 아니다.

또한 참다운 회향이란 깊은 불심을 통해 생사에 두려움이 없을 때 이뤄진다. 생사가 둘이 아니기 때문에 내가 지은 선업을 중생에게 돌려줄 수 있는 것이다. 그러면 이러한 생사에 두려움 없이 생사를 초월해 회향하려면 어떻게 해야 하는가?

문수보살과 유마힐 거사의 대화에서 우리는 그 해답을 찾을 수 있을 것이다.

문수보살이 유마힐 거사에게 물었고, 유마힐 거사는 문수보살의 질문에 빠짐없이 하나하나 대답해주었다.

"보살이 생사에 두려움이 있으면 무엇을 의지해야 합니까?"

"보살이 생사에 두려움이 있으면 마땅히 여래 공덕의 힘에 의지해야 합니다."

"보살이 여래 공덕의 힘에 의지하려면 어디에 머물러야 합니까?"

"마땅히 일체중생을 해탈시키는 데 머물러야 합니다."

"중생을 해탈시키려면 어떻게 해야 합니까?"

"번뇌를 없애야 합니다."

"번뇌를 없애려면 무엇을 해야 합니까?"

"바른 생각을 행해야 합니다."

"어떻게 바른 생각을 합니까?"

"불생불멸을 행해야 합니다."

"불생불멸은 어떻게 행할 수 있습니까?"

"불선법을 나지 않게 하며 선법(善法)을 멸하지 않게 해야 합니다."

"선과 불선은 어떻게 생겨납니까?"

"몸에서 비롯되는 것입니다."

"몸은 무엇을 근본으로 삼습니까?"

"욕심, 탐심을 근본으로 합니다."

"욕심, 탐심은 무엇에서 비롯됩니까?"

"허망과 분별에서 연유합니다."

"허망과 분별은 어디에서 시작됩니까?"

"전도(顚倒)된 생각, 거꾸로 된 생각에서 비롯합니다."

"거꾸로 된 생각은 어떻게 사라지게 할 수 있습니까?"

"거꾸로 된 생각은 주착(住着), 머무르고 집착하는 마음에서 출발하니 이 주착을 없애야 합니다."

"주착이 없는 마음은 무엇입니까?"

"주착이 없는 것은 근본이 없는 것입니다. 문수보살이시여, 실로 일체법은 주착이 없는 마음으로부터 세우는 것입니다."

주착심(住着心)은 대상에 머무르고 집착하는 마음이다. 주착심이 없다는 것은 이러한 집착에서 벗어나 고요하고 분별없는 마음을 가지는 것이다. 회향하는 것은 이처럼 주착이 없는 마음으로 가능한 것이다. 재물이든 지위든 주착이 있으면 회향을 할 수 없다. 따라서 주착이 없는 마음으로 자신보다 낮고 가난한 사람에게 베풀어야 한다.

주착에서 벗어나 분별없는 마음으로 아무리 비루한 사람일지라도 그를 가볍게 보지 않고 부처님같이 공경하고, 찬탄한다면 그것이 바로 회향을 실천하는 것이고, 가장 큰 공덕을 쌓는 것이다.

오늘날 인류는 물질만을 지상 최대의 가치로 생각해 물질지상
주의와 배금주의에 젖어 있다. 그러나 진정 인간의 참모습이
물질만으로 드러날 수 있을까? 물질은 우리 생활을 윤택하게
하는 데 필요한 것이지만 그렇다고 우리의 전부는 아니다.

만물의 근본적인 속성은 본래 그 자신이 독립적으로 고유
한 성질이 없다고 한다. 그것은 본래 공한 것인데 인연에 의해
서 서로 합치해 이뤄진 것이다. 그렇기에 인연이 다하면 변해
그의 고유한 작용을 나타낼 수 없다. 오온(五蘊)이 본래 이렇게
공한 줄 알면, 그것에 의해 파생되는 감각적인 것에 집착할 필
요가 없다.

집착하지 않는 데서 모든 고통과 액운이 없어지는 것이다.

그럼에도 불구하고 현대인들은 눈으로 보고, 귀로 듣고 하는 감각적 경험만이 유일하게 존재한다는 경험적 사고 방법에 심취해 나의 주인공이 무엇인지 알지 못하고 있다.

또한 인간의 소외로 인간이 해야 할 일이 줄어들면서 인간의 가치가 수요와 공급에서 차질이 생기게 되었다. 본래 소외란 기독교에서 신으로부터 떠나는 것을 말한다. 인간이 신의 울타리에서 벗어남으로써 소외가 이뤄진다.

그러나 불교에서는 절대적이고 인격적인 신을 설정하지 않는다. 설정해서도 안 되고 설정한다면 그것이 이미 있음과 없음에 매달리게 되어 소위 생사, 유무라는 양변(兩邊)의 한쪽에만 빠져서 공의 진실한 모습이 드러나지 않는다.

불교의 구원은 제3의 어떤 타자에 의한 구원이 아니요, 오직 인간의 내재적 자아의 각성에 의한 해탈, 열반이다. 열반이란 번뇌를 끊음이다. 다른 사람이 번뇌를 끊어주는 것이 아니요, 바로 나 자신이 나의 번뇌를 끊는 것이다.

보살은 이것을 알고 지키고 다른 사람에게 전달해주는 사람이다. 열반은 크게 도를 이루는 대성도(大成道)라고 한다. 성도는 해탈이다. 우리의 본성, 참마음은 본래부터 움직임도 없고 일어남도 없다. 일체의 법은 생기는 것도 없어지는 것도 아니어서 본래 적정(寂靜, 맑고 고요하다)한 것이다.

누가 대신 그것을 보여주는 것이 아니다. 내 마음에서 적멸함을 얻음이니 곧 자기가 구원이다. 자기가 스스로 구원함을 자리(自利)라 하고, 다른 사람을 구원해줌을 이타(利他)라고 한다. 불교의 자리와 이타는 선후가 있는 것이 아니다. 자리를 하면서 그것 자체가 이타가 된다.

스스로 자성을 밝히는 노력을 하면 번뇌와 망상과 죄업이 증가되지 않기 때문에 타인에게도 이익되는 타리, 이타가 된다. 결국 상구보리, 하화중생이 하나가 되는 것이다.

불교적 구원은 자성의 청정을 회광반조(回光返照)해 드러냄이다. 자성의 청정은 나와 네가 구별될 수 없고, 모든 인간에게 공통적으로 평등하게 있다. 청정은 맑고 깨끗함인데, 나 자신의 마음의 본체가 청정함을 잊지 않아야 한다. 한 생각이 일어나서 그것에 집착함이 번뇌요, 망상이다. 그것이 불성의 현현함을 덮어버린다는 것을 알고 마땅히 청정함을 유지하기 위해서 늘 깨어 있어야 한다.

《열반경》에서는 열반 사덕을 말하고 있다. 그것은 상락아정이다. 인간의 거짓된 생각은 이 세계를 언제나 무상으로 보았고, 또 모두가 고로 인식했으며 무아로 보았다. 마침내 모든 현실적인 것을 부정한 것으로 보았다. 확실히 육안으로 보이는 범부의 망상 세계가 그렇다.

부처님이 깨쳐서 보았을 때 세계는 항상 그대로 있는 것이며, 즐거움이며, 모두가 나 자신이요, 깨끗함이다. 그러한 세계는 부처님이 물질에 대한 집착과 생각에 대한 집착을 여의었을 때 그렇게 보았던 것이다. 이러한 깨달음으로 부처님은 인간의 미혹을 없애고 바른길로 인도하기 위한 구원의 길로 해탈, 열반을 말씀하신 것이다.

《열반경》의 상락아정에 대해서는 이해하기 어려운 점이 있으니 좀 더 구체적으로 설명하면 이런 것이다. 신도들은 열반의 사덕인 상락아정을 원력으로 삼고 그것을 위해 수행한다. 열반은 어떻게 얻어지는가? 열반은 대멸도(大滅道)다. 대멸이란 무위를 따라 무마저 없어진 세계요, 적막해 움직임도 없고 일어남도 없다는 뜻으로 마침내 일체의 번뇌를 끊어 없애는 것이다. 유위가 있음으로 무위가 있는 것이요, 생멸이 있기에 고요함이 있는 것이요, 번뇌가 일어남으로써 그것을 끊는 것이다.

그렇기에 우리가 무지의 눈으로 세상을 볼 때는 상(常)으로 보고, 락(樂)이라고 보고, 아(我)라고 보고, 정(淨)이라고 보았다. 그러나 그렇게 상이고, 락이고, 아라고 보는 한 소유의 영원을 주장해 대립과 다툼이 벗어날 길이 없었다. 이때 부처님은 우리의 잘못된 관념을 부수고, 무위와 고와 무아와 부정을 말씀하신 것이다.

그러나 많은 중생은 이 무상, 고, 무아로 보는 반야의 비춤을 모르고 그것에 집착해 인생을 고해라 생각하고 무상을 말해 미망에서 헤맸던 것이다. 그러나 이 무상, 무아, 고에 대해 다시 부정해 상락아정의 적멸을 말하니 이것이 곧 부처님의 부정의 부정으로 인한 대긍정인 것이다.

불성 자체나 열반 자체는 죄도 없고 병도 없는 것이다. 다만 인간을 구원하는 어떤 초월적인 것도 있고, 구원받아야 할 대상도 있다고 보았을 때 구원이 필요한 것이다. 그러나 인간 자체는 본래 구원해야 할 대상이 아니다. 인간은 스스로 구원해야 하고 스스로 자신의 길을 결정해야 한다. 스스로의 깨달음을 통해 구원이 이뤄지는 것이다.

진정한 가치란 스스로 자각하는 데서 이뤄진다. 자각은 순수한 내적 세계이지 외적인 대상이 결정해주지 못한다. 진실한 내면적 자아를 돌이켜보는 데서 영원한 구원이 이뤄지는 것이다. 자각은 순수한 내적 세계이지 외적 대상이 결정해주는 것이 아니다. 진실한 내면적 자아를 돌이켜보는 데서 영원한 구원이 이뤄지는 것이다.

또한 구원은 누가 대신 해주는 것이 아니라 바로 나 자신이 나를 깨닫는 것이다. 그 깨달음은 멀리 있는 것이 아니다. 유무나 생사의 양변에 집착해 착각하면 그것이 곧 죄요, 병고가 된다. 그러나 모든 것이 부처라는 것을 알고 만물을 부처로 대하고 예배하며 존중하면 거기에 해탈의 구원이 열리는 것이다.

현대인의 고통은 곧 자기를 잃은 데 있다. 자기를 찾고, 참 주인공을 밝혀 그 주인공을 자유자재하게 활용할 때 구원이 이뤄진다.

끝없는 수행과 실천을 통해 화두나 진리에 대한 사유가 끊이지 않을 때 구원의 가호가 온다.

소멸된다는 것은 견디기 어려운 것이다. 하지만 형상이 있는 모든 것은 성주괴공(成住壞空, 생성 소멸 변화하다)을 면할 수 없다. 우리 인간들도 몸을 가지고 있는 한 유한적 존재가 된다. 여기에서 인간은 죽음이라는 무로 돌아감을 뼈저린 아픔으로 느끼고 그것을 극복하기 위한 위대한 창조의 길을 모색했다.

부처님은 그것을 극복해준 종교적 성인이다. 그러나 부처님에 대한 해석은 다양하고, 석가모니 부처님 역시 육체를 가지고 있었으므로 그 수명이 제한되었으며, 인간 세계에서 팔십 세를 전후해 열반에 들고 말았다. 이러한 부처님의 육신의 유한성과 그 깨달음의 진리인 무한, 영원성을 어떻게 조화하느냐가 불교에서 중요한 테마였다.

이 문제를 해결한 것이 부처님의 법신(法身) 사상이다. 부처님의 수명은 무량해 물질적인 육체가 아니라 영혼 그 자체로 시간과 공간을 초월해 있는 어떤 것이다. 그리고 이 모든 현상의 근원, 원천에 법신이라는 이름을 붙인 것이다.

법신의 법은 진여이며, 법계의 진리와 일치한 부처님의 진신, 빛도 형상도 없는 본체를 말한다. 법신 사상은 시대에 따라 변천되어왔으며, 《중일아함경》에서는 여래를 육신과 법신으로 나누어 육신은 부모로부터 태어난 몸으로 유한하나 법신은 늘 이 세상에 살아 있는 존재, 파괴됨이 없고 단절하지 않는 영원성으로 파악했다.

이러한 이론은 부처님의 육신과 부처님의 깨달은바 진리의 영원불변성을 이론적으로 조화하고 체계화하는 과정에서 나타난 것으로 그 이후 용수보살의 《대지도론》에서 더욱 뚜렷이 정리되었다.

용수는 여래를 법신, 생신의 두 몸으로 보았다. 생신은 부모가 낳은 몸을 의미한다. 법신은 평범한 색신인 생신이 아니며, 씨앗이 되는 형이상학적인 신이 나오게 되는 원천을 말하고 이것은 보통 사람의 눈으로 볼 수 없다. 법신불은 언제나 광명을 발하고, 언제나 법을 설하고, 형상이 없는 지혜다. 또한 그 행사함이 가지런하지 않음이 없고, 그 서원(誓願, 진리에 뜻을 세우다)이 충만하지 않음이 없다.

그러나 중생이 이를 보지 못하고 듣지 못해 고해에 헤맴은

웬일일까? 《대지도론》에서는 중생의 눈에 보이지 않음은 죄가 무거운 까닭에 그 광명을 보지 못하고 그 설법을 듣지 못한다고 한다. 하지만 이같이 죄업에 결박된 사람의 눈에는 보이지 않지만 일심으로 염불하고 믿음이 많아 의심하지 않으면 어디에서든 그를 볼 수 있다.

법신은 우리 자신을 떠나 있는 것이 아니라 우리 자신의 마음이 공해 일심이 될 때 거기에 법신이 있음을 본다. 또한 그는 중생이 공양하는 법신(또는 불신)의 상호를 두 가지로 구분한다.

첫째는 32상 80종호로 대광명 금색신이며, 둘째는 반야바라밀의 미묘, 심심, 무형무색에의 공양을 말한다. 지혜로운 자는 불신을 능히 알 수 있다. 그리고 지혜로운 자만이 아는 상호(相好)는 곧 미묘, 심심, 무형, 무색의 반야바라밀을 의미한다.

부처님은 몸으로서 반야를 비유하셨다. 부처님이 세상에 계실 적에는 능히 스스로 마(魔)가 들어옴을 막을 수 있었지만 불멸 때에는 이 반야를 수호해야 함을 부처님이 아난에게 말하신 것이다. 법신은 반야바라밀의 상주(常住, 늘 그 자리에 있다) 불멸성을 강조한다.

일심 속에서 증득된다고 보는 견해는 법신을 어떤 객관적인 대상으로 정적으로 파악하는 것이 아니라 주관적이고 동적인 작용으로 그 마음이 깨끗해 고요함 속에서 그 마음을 통해 보고 듣고 할 수 있는 주체적 지혜인 것이며, 이것이 곧 신통과 변화력을 가지고 있다고 본다.

《금광명경》에서는 응신, 화신은 가명신으로 법신만이 진실신으로 보고 응신과 화신의 근본이 된다고 본다. 일체 제불의 지혜는 이미 모두 갖춰져 있고, 일체의 번뇌는 궁극적으로 다 멸해 있어서 청정한 불지를 얻고 있는 까닭에 일체불법은 여여할 수 있다. 그리고 그는 자유자재한 진리로서 인간이 무심정에 들어 대보살이 되며 그 원력에 의해 형성된다. 부처님의 깨달음은 곧 이 여여(如如, 늘 그대로인 또는 변함없는)한 지혜이고, 이 여여지는 일체의 근원으로서 여기에서 현상계가 펼쳐진다.

예를 들면 여기에 해와 달, 불과 거울의 광명이 있다고 하자. 그럴 때 이것 하나하나가 서로 화합하는 까닭에 그림자가 있게 되듯 법은 여여하며 여여한 지혜도 그 자체는 분별이 없지만, 그 원이 자재하고 중생이 그것을 받아들일 수 있기 때문에 응신, 화신이 해와 달의 그림자처럼 생겨나는 것이다. 또 여기 무량무변한 수면(水面)이 있다고 한다. 광명 때문에 하늘의 그림자가 여러 가지 다른 모습을 띠게 된다. 그러나 그 하늘 자체는 무상인 것이다.

그러면 이러한 법신의 구체적인 모습은 무엇인가? 그것은 대승이며 여래성이고 여래장이다. 따라서 법신 자체로 말하면 상이요, 실이고, 대삼매에서 말하면 낙이요, 대지에서 말하면 청정이다. 여래법신은 삼매로서 불변이요, 상주이며 청정이다.

여기서 우리는 법신이 어떤 구체적인 체가 아니라 일체상을 초월해 우리 마음속에서 번뇌가 가라앉고 삼매와 청정이 이뤄질 때 거기에 법신이 있음을 알았다. 그리고 그것은 마음의 체로서 여기에서 일체가 나타남을 보았다. 법신은 모든 현상계의 근원으로 마치 금광에서 캔 금을 제련해 순금을 만들고 그것으로 수많은 장신구를 만들었으나 금의 본체성은 변함이 없는 것처럼 번뇌 속에서도 법신은 상주이며 불변한다.

《기신론》에서는 법신진여로 파악해 그 역시 대지혜광명, 자성청정, 상락아정, 청정불변자재로서 그 성격을 규정하고 마음에 관한 바른 지혜로써 일체법은 유심에서 유래함을 역설한다. 그리고 무명을 타파하려고 일심을 강조한다.

결론적으로 말하면 법신은 개념이 아니며 삼계의 어떤 물체가 아니다. 법신은 우리 마음을 떠나 다른 곳에서 찾을 수 없다. 생멸의 마음을 통해 다시 생멸 없는 마음으로 돌아가는 것이다. 이것은 수행의 결과로 증득되는 것이니 이론으로 분석한 지식이 아니다.

참다운 부처님에 대한 믿음은 이 법신에 대한 믿음이며, 형상에 집착됨이 없어야 한다. 번뇌, 망상, 형상은 모두 집착에서 왔으므로 집착에서 벗어나 일심으로 염불하고, 삼매에 들었을 때 법신을 만날 수 있을 것이다.

종래 사람들이 불교를 오해하는 점이 많이 있었다. 불교가 현실을 진단하는 데 무상, 무아, 고를 말한다고 해 불교를 마치 허무주의, 염세주의, 비관주의 등 부정적이고 어두운 그림자로 덮여 있다고 이해하는 경우가 많았던 것이다. 거기에 현실에 대한 적극적 개혁 태도의 결핍으로 은둔주의, 패배주의로 착각한 부분도 있었다.

역사적으로는 조선조의 억불숭유 정책으로 인해 살아남기 위한 생존의 절박한 상황에서 타협한 것이 어용으로 불리고, 인륜을 무시한다는 비판을 받기도 했다. 그러나 진정한 불교적 삶은 그러한 것이 아니다. 일방적이고 부분적 시각으로 불교를 전체적으로 재단하는 무지에서, 또한 무조건 불교를 억압하기 위한 왜곡일 뿐이다.

불교가 보는 현실은 허망하고, 모순에 가득한 망상과 의혹의 덩어리라고 말한다. 그러나 그것의 본바탕은 언제나 변함없고, 깨끗하고, 맑은 진리라고 보고 있다. 따라서 현실은 허망한 그림자이기 때문에 그것을 걷어내고 바꿔야 한다.

불성이 드러나지 않는 현실은 절복(折伏, 꺾어서 엎드리게 하다)시켜야 한다. 그러나 그러한 절복은 미움이나 사심에 의하지 않고, 큰 자비심에 의해 이뤄져야 한다. 또한 공론을 통해 전개되어야 한다. 불교의 행(行)이 청정한 자리로 돌아가려면 탐진치 삼독을 계정혜, 삼학으로 전환시켜 일심으로 환귀하는 데 있다. 그리고 그 일심의 내용을 현실의 사회생활에 전개하는 데 있는 것이다.

그럼에도 불구하고 일부 사람들은 일심의 내용을 적멸(寂滅)로만 이해해 고요함의 상태만 지속하려는 경향이 있었다. 그러나 적멸은 결코 아무것도 하지 않는 것이 아니다. 언제나 번뇌와 망상과 일심이 역동적 관계에서 부단히 긴장을 유지하는 것이다. 그리고 그 일심은 정지가 아니라 현실의 부정적인 탐진치로 일어나는 부정과 부패와 비리와 불합리에 대해 중생의 차별성이 없음을 드러내기 위해 과감히 큰 자비의 칼을 뽑아 절복시키는 정의의 빛이다. 그때 나라는 개체는 없는 것이다.

그리고 이 청정한 마음을 떠나 다른 불국토가 없음을 확인하는 것이다. 고통받고, 억압받는 사람들도 나와 하나다. 억압하고 고통을 주는 사람도 나와 하나다. 이 둘을 조화롭고 청정하게 만드는 것이 일심이다. 부정하는 그곳에 반야의 지혜가 있다. 여기에 동체대비(同體大悲, 부처가 중생을 자신과 동일하게 여기고 베푸는 큰 자비심)의 보살이 있는 것이요, 이 보살을 통해 불국토가 건립되는 것이다.

불교의 불국토는 결코 관념적인 데서 건립되는 것이 아니요, 일념의 실천과 수행에서 건립됨을 알아야 한다. 천 리 길도 한 발자국부터 시작되는 것이요, 땅에서 넘어진 사람은 땅을 짚고 일어나야 하듯 마음이 미혹한 사람은 마음을 밝게 하는 데서 참다운 길을 갈 수 있다.

철저한 수행의 생활이 뒷받침되지 않는 한 불교는 관념의 유희에 지나지 않고, 현학적인 언변만 늘릴 뿐이다. 현실과 이상, 번뇌와 보리, 중생과 부처가 둘이 아닌 삶을 위해 행원을 실천해야 한다.

불국토를 건립하는 것은 말에 있는 것이 아니라 행원에 있다.

"부처님이 지금 이곳에 계신다면 어떨까"라는 질문을 많이 받는다. 부처님이 2,600여 년 전에 나지 않고, 지금 우리가 사는 시대에 온다면 과연 어떻게 말하고 행동했을까라는 것에 대한 궁금증 때문일 것이다.

부처님의 교설에 의하면 부처님은 2,600여 년 전에 우리와 같은 모습으로 탄생하고, 세상 사람의 수명인 팔십 세를 살다 열반에 들었다. 하지만 부처님은 결코 사라진 적이 없다. 다시 탄생하고, 유성출가(逾城出家, 성을 넘어 집을 나가다)하고, 항마(降魔)하고, 고행하고, 보리수 아래서 깨치고, 전법(傳法)하고, 열반에 든 모든 팔상(八相, 부처님이 중생을 제도하기 위해 보이는 여덟 가지 변화의 상)의 모습을 짐짓 방편으로 보여주어 우리의 어두운 눈을 밝게 해주셨다.

《법화경》〈여래수량품〉에 보면 부처님의 실상을 이렇게 이야기하고 있다.

> 여래가 성불한 후 지내온 겁은
> 그 수효 한량없는 억조 아승기
> 그때 이래 설법해 교화한 중생
> 수효를 알 수 없는 무수 억인데
> 저들을 불도에 들게 한 지도
> 그 세월 알 수 없는 무량겁이지만
> 방편으로 열반을 나타내지만
> 실로는 열반에 듦이 아니고
> 영원토록 여기 있어 설법하노라

부처님은 영원히 여기 있어 설법하고 계신다. 다만 중생들이 죄와 악업 때문에 한량없는 아승기 세월을 지나가도록 거룩한 삼보의 이름을 듣지 못한다.

부처님은 어떤 특정한 시간과 장소에 계시지 않는다. 그렇기에 무한이요, 영원이요, 절대이다. 부처님은 상대적 세계 속에서 상대를 초월해 비감각적으로 계신다. 우리는 가끔 부처님을 눈으로 귀로 몸으로 보려 하지만 부처님은 법신이기에 감각이나 경험으로 볼 수 없다. 오직 진실한 마음에서만 볼 수 있다. 〈여래수량품〉을 좀 더 살펴보자.

중생들은 내가 열반 들을 보고
사리를 지극 정성 공양하면서
모두가 연모하는 생각을 쫓고
목마르듯 우러러 마음을 내어
지성으로 귀의하고 믿음을 내고
그 뜻이 실직하고 보드라우며
일심으로 부처님을 보고자 하며
스스로 신명까지 보고자 하며
스스로 신명까지 아끼지 않으면
그때에 여래와 모든 대중이
다 함께 영축산에 나타나시어
나 항상 여기 있어 멸하지 않고
대자비 방편력을 쓰는 까닭에
멸도와 불멸도를 나타낸다고
그때에 중생에게 말하느니라

부처님의 탄생과 열반이 이와 같을진대 부처님의 깨침은
상주하고 있음이 확실하다. 그렇다면 부처님의 상주는 어디인
가? 일체처(一體處)의 일체중생에게 계신다. 일체처란 무한 공
간의 자리 속에 있는 일체중생이란 태로 낳는 것, 알로 낳는

것, 몸으로 낳는 것, 화해서 낳는 것, 생각이 있는 것, 생각 없는 것, 생각이 있는 것도 없는 것도 아닌 모든 구류 중생 속에 부처님은 계신다.

그러한 부처님은 어떤 분이신가? 부처님은 생명을 존중하는 분이다. 인간의 생명뿐 아니라 기어 다니는 짐승부터 서 있는 바위까지 만물이 온전한 가치로 그 본래의 모습을 드러내는 데 계신다. 하물며 인간이야 더 말할 것 있겠는가? 인간 존중, 인간의 자유와 평등, 평화의 구현 그것이 곧 부처님의 큰 미소였다.

보라, 이 세계를. 세계 곳곳에서 살육이 자행되는 인간 파괴의 현장을. 인간이 만들었다는 핵의 공포는 현실이 되지 않았는가? 그 핵은 곧 인간이 이 지구 내의 존재까지 몰살하는 무서운 위력을 가지고 있다. 참으로 인간 양심의 선언인 인간 개개인은 누구나 신성하다는 불성의 편만(遍滿, 두루 가득하다)을 설파한 저 석가모니 부처님이셨다.

현대는 불교를 현대에 맞게 적용하라고 외친다. 그러나 진정 부처님이 오늘에 계신다면 폭력과 살상, 망어와 사견이 날뛰는 이 시대를 자비와 화합으로 이끄는 가장 현대적인 불교를 설파할 것이다. 공장에서 거리에서 시장에서 논밭에서 극단으로 내달리는 정치 집단에서 우리 모두가 하나의 뿌리, 생명의 근원은 하나라고 외쳐 서로 다른 계층, 계급을 화해하자고 소리칠 것이다.

종교 의식은 수단이 아니다

우리는 때때로 종교적 의식(儀式)은 하나의 수단이라고 생각하는 경향이 있다. 그렇기에 불교에서도 선가에서도 의식을 크게 중시하지 않는 듯하다. 기독교에서도 프로테스탄트들은 의식을 중요시하지 않는 것으로 알고 있다.

그러나 나는 불교의 의식은 수단이 아니고 그것 자체가 목적이요, 종교적 구원의 당체(當體, 직접적인 본체)라고 생각한다. 인간의 본성이 불성으로 청정할진대 그것만 깨달으면 되지 복잡한 의식이 뭐가 중요하냐고 생각하는 사람들도 많겠지만 나는 그렇게 생각하지 않는다.

심리 현상의 바탕은 청정하고 일체가 포괄된 것이기는 하지만 심리 현상이 그것을 가려서 본래 주자, 자존, 주체인 주인공이 나타나지 않았기 때문에 이 심리 현상을 제거하려면 의식이 필요하다. 의식이 진행되면서 진리본성(眞理本性)을 가리고 있는 경험적 찌꺼기는 사라지고 의식 속에서 불성이 자라나기 때문에 의식은 단순한 수단이 아니라는 것이다.

우리는 불교적 의식을 소홀히 하는 경향이 있다. 불공을 드린다거나 재를 올린다거나 이러한 행위를 부정하고 직지인심, 견성성불(見性成佛)이라든지 혹은 마음을 바로 깨쳐야 한다든지 하는 말의 풍요 속에서 참다운 불교를 잃고 있다. 진정한 불교는 의식을 소중히 하면서 다른 공부를 하는 것이다.

불교에서의 의식은 가톨릭 사제에 의한 고해성사 같은 것은 아니다. 모든 부처님을 청하고 그 부처님의 위신력을 빌려 모든 죄가 근원부터 없음을 확인하는 것이기 때문에 다르다.

불교는 모든 의식에서 염불을 빼놓을 수 없다. 이 염불을 타자에 의한 구원이 아니라 본래부터 내가 구족(具足)한 불성의 무죄를 선언하는 것이다. 그것은 오직 일심으로 이름을 외워서 나와 너의 대립에 의한 갈등이 무너지고 나의 무아가 증명되는 것이다.

기독교의 프로테스탄트는 가톨릭의 전위적이고 형식적인 의식에 반기를 들고 신에 대한 직접적인 체험을 강조하면서 새롭게 나타난 종교였다.

이들은 형식적인 의식으로서의 고해성사나 면죄부를 발행하는 것은 양심을 속인다고 보았다. 그에 대한 반발로 양심을 깊이 반성해 최후에 직접적으로 신과 대면하기를 바란 것이다. 그러나 이것 역시 그 체험이 심리적 세계인 양심의 분석에 의한 체험이기 때문에 불교의 방법과는 조금 다르다.

불교에서는 무심을 요구한다. 일체의 사량분별을 거부한다. 지금 이 순간에 모든 분석적인 방법을 추방하는 것이다. 그리고 그 속에서 체험되는 세계, 인간의 본성을 보고 있다는 면에서 다르다.

간단히 가톨릭, 프로테스탄트, 불교의 의식에 대해서 살펴보았다. 여기서 내가 말하고자 하는 것은 종교의 우열이 아니라 의식이 종교에서 중요하다는 것이다. 물론 혹자는 의식이 필요 없을 정도로 인간이 발전했다고 생각할지 모르겠지만 현실적으로 많은 사람이 의식을 통해 자기 심리를 정화한다면 그것 역시 사회와 인간에게 유익한 것이다.

불교는 프로테스탄트와 달리 양심의 분석을 통해 우리 마음의 진면목을 알 수 없다고 본다. 분석은 계속 하면 할수록 번뇌망상만 풍성하게 할 뿐, 진정한 마음의 본체인 청정을 체험하게 할 수는 없다.

오늘날 우리 불교는 말이 과하게 풍성한 경향이 있다. 실천불교로 가려면 참다운 의식의 의미를 알고, 그 의식을 지켜나갈 때 불교적인 삶이 이뤄질 것이라 생각한다.

불교의 의식들은 해탈의 길이다. 어느 시대나 선을 중심으로 공부하는 선사들도 결코 의식을 가볍게 여기지 않았으며,

오히려 중시하는 분들이 많았음을 선사들의 행장을 살펴보면 알 수 있다. 형식적이 아닌 불교 의식을 다시 부흥하기 위해 우리는 믿음의 뿌리가 어디에 있는가를 반문할 필요가 있다.

의식은 곧 부처님을 현실화하는 중요한 작법(作法)이다.

되새겨보는 출가의 뜻

모든 문제가 제대로 풀어지지 않을 때 출발했던 원점을 돌아보면 지금의 좌표가 선명해지고 어떻게 해야 할지 미래의 전망이 뚜렷해진다.

과연 부처님은 왜 출가를 결행했는가? 많은 사람이 부처님의 출가 동기를 모르고 또는 안다 해도 어딘가에 묻어둔 채 그저 일상적인 자아로 살아가고 있다.

천지를 진동할 만한 반성의 회오리바람이 일어나야 한다. 과연 부처님은 왜 출가했는지 되뇌어야 한다.

어느 날, 싯다르타 태자는 농민의 날 행사에 참여했다가 농부들이 밭에서 일하는 모습을 보고 있었다. 쟁기 끝에 파헤쳐진 흙 속에 벌레가 꿈틀거리고 있었다. 이때 새 한 마리가 날아와 그 벌레를 쪼아 물고 공중으로 날아갔다. 이 광경을 보게 된 어린 싯다르타는 충격을 받고 "어째서 살아 있는 것들은 서로 먹고 먹히며 괴로운 삶을 살아갈까? 무슨 이유로 그렇게 살아야 하는가?"라며 삶에 깊은 회의를 갖게 된다.

그리고 성문을 나오면서 생로병사에 대한 끝없는 의문을 제기했고, 그 의문을 풀기 위해 출가했다.

우리는 지금 어린 싯다르타의 출가 동기에 대해서 얼마나 되새기고 있는가? 삶과 죽음의 문제를 해결하고, 영원한 삶의 진실을 밝히는 깨달음에 대해서 얼마나 열정을 갖고 있는가? 싯다르타는 자신만의 삶이 아니요, 자신만의 죽음이 아닌 인간 공통의 삶과 죽음을 출가를 통해 깨닫게 되었으며, 마침내 각자가 된 것이 아닌가. 우리는 얼마나 그와 근접한 삶을 살고 있는가?

부처님의 출가가 모든 사람에게 간절한 생의 의문이었듯 그 생의 의문을 해결했던 그의 수행의 길을 모범으로 삼아야 한다. 부처님의 출가 동기는 결코 개인주의적이거나 교단을 위한 것이 아니었다. 모든 인간에게 내재된 죄 같은 의문을 끊고 보다 굳건한 생의 기반을 확립하는 데 있었다.

우리는 지금 인간의 삶과 죽음을 얼마나 생각하고 있는가? 영원한 삶을 얻기 위해 과연 우리가 각자의 출가를 결행하고 있는가? 그저 막연한 감상으로 출가를 이해한다든지 삶의 수단으로 삼고 있지는 않은지 보다 심각하게 반성해봐야겠다. 출가 동기가 뚜렷해야 그 결과도 확연할 것이다. 출가 정신은 우리 모두 자신만의 울타리를 부수고 함께 어울려 노는 마당을 만드는 것이다.

그 마당이 곧 보살의 마음이요, 자비의 마음이다. 나만이 잘 살고자 하는 기복(祈福)이 아니다. 너와 내가 함께 살고자 하는 기복이다.

불교 내부에서도 출가 정신이 오해된 측면이 많다. 순수한 인간 정신에 대한 고독한 반문이 아니라 오히려 권위와 전통의 보수에서 다시 태어남 없이 안주하고 있기도 했다. 그러나 이제 시대는 그러한 권위와 관습으로만 살아남을 수 있는 상황이 아니다. 썩은 살은 도려내야만 새살이 나오게 마련이다.

출가가 진정한 출가 정신이 아닌 구석이 있다면, 차제에 새로운 출가를 시도해야 한다. 출가 정신은 끝없는 출가의 정신을 실천하는 데서 참다운 출가가 이뤄지는 것이다.

불교에는 부처님의 탄신, 출가, 성도, 열반을 기념하는 사대 명절이 있다. 이 명절 중에서도 부처님 탄신일만 종단적 규모의 행사를 거행해왔다. 각 사찰마다 등을 달고 성대하게 경축했으나 부처님의 출가일이나 다른 기념일은 그다지 중요하게 취급하지 않은 경향이 있다.

물론 뜻 있는 사찰이나 스님들에 의해서 출가일을 기념하는 경우도 있었지만, 보다 깊은 의미를 부여하며 왕자였던 싯다르타가 출가하게 된 의의와 정신을 되새기는 행사나 법회가

있다는 말은 들은 바가 없다. 이는 출가일이 중요하지 않아서
가 아니라 우리 정신이 여기에 미치지 못하기 때문이다.

이제라도 부처님의 출가일을 맞이할 때 참다운 부처님의
깨달음의 정신을 재조명하고, 출가일을 기념하는 행사를 정례
화해야 할 것이다. 출가는 곧 깨달음의 근본 동기였기 때문이
다. 출가일을 맞아 그 정신을 되새기고, 우리 각자의 출가가 있
어야 할 것이다.

부처님이 오신 참뜻

부처님이 오신다. 빛으로 오시고 원음(圓音, 원만하고 모든 것을 갖춘 진리)으로 오시고 법신으로 오신다. 육체의 질곡과 마음의 미혹을 깨우쳐주시고, 오직 인간이 본래부터 자유인이요, 영원이요, 완전자임을 보여주기 위해 우리와 같은 모습으로 오신다.

인간은 누구나 자신을 왜소하게 여기고 열등의식에 차 있거나, 스스로를 죄인이나 고통의 덩어리로 생각하는 경향이 있다. 이로 인해 밝은 태양의 빛을 보지 못하고 미망의 허구 속에서 소유의 집착으로 대립과 투쟁을 벗어나지 못하며 형극의 길을 걷고 있다.

이러한 인간들에게 본래부터 인간은 불성의 존재요, 해방인이요, 자주인임을 선언하고 영원한 화해와 평화를 안겨주기 위해 부처님은 지금 우리에게로 오고 계신다.

부처님 오신 날을 맞아 우리가 깊이 새겨야 할 의의가 과연 무엇이었나를 되새겨보자.

과연 우리가 부처님의 참다운 뜻을 오늘날에 바르게 실현하고 있는가? 이 시대의 불자는 어떻게 해야 하는가 등을 반성할 필요가 있다. 부처님이 오심은 생명에 대한 절대 긍정이었다. 그가 말했던 모든 것이 고라고 해 고에만 집중하는 것이 아니었다. 다만 이 세상을 낙으로만 생각하는 중생들에게 낙에 대한 집착을 파괴하려 했던 것이다.

모든 것이 유상하다고 보는 사람들에게는 무상을, 아가 있다고 고정 관념에 사로잡힌 사람들에게는 무아를 말했던 것이다. 결국 인간의 삶을 보다 긍정적이고 보다 높은 차원으로 이끌기 위한 영원한 평화를 지향한 것이다.

이 세상은 현세로 끝나지 않고, 과거가 있고, 현재가 있고, 미래가 있다는 윤회의 교리는 인간 해방의 문호를 여는 일이었다. 나라는 소아에 대한 집착에서 벗어나 대아를 지향함으로써 우리 모두가 하나임을 선언한 것이었다.

우리 인간은 결코 서로 미워할 수 없고, 죽일 수 없고, 서로 경멸하며 천대할 수 없다. 서로가 귀중하게 생각해야 할 당위가 있다. 그것은 나와 네가 언제나 상부상조하며 지금의 내가 있기 때문이다. 나는 바로 너를 의존해 내가 있고, 너는 바로 나를 의존해 네가 있다. 우리는 이같이 간단한 가르침을 잊고, 오직 나라는 집착과 미혹 속에서 언제나 방황하고 상처 입고 있는 것이다.

대아의 마음을 열라. 부처님은 나라는 허구를 자각함으로써 자유인이 되었다. 부처님 오신 날을 기리는 것도 인류 최대의 자유자재한 인물을 기리는 데 그 뜻이 있다.

그동안 봉축일을 맞아 여러 행사를 해왔다. 내용과 형식에서 시대의 변천에 따라 변화된 것도 많으나 거의 모든 행사가 전통을 벗어날 수는 없다. 세상의 어둠과 마음의 무명을 밝히는 제등 행렬을 비롯해 연등 행사, 법요식 등이 그 주류 행사였다. 이러한 행사는 불교 전래 행사로 시대를 초월해 꼭 필요한 것이다.

그러나 시대에 따라 새롭게 변화해야 할 가변적인 행사도 있어야 한다. 그동안 많은 행사가 구태의연한 고정된 프로그램에 얽매여 시대와 호흡을 같이할 수 있는 개방된 프로그램을 창출하지 못한 것도 사실이다. 행사의 내용이 보다 알차고 시대정신을 표출하려면 현시대에 맞게 부처님을 새롭게 해석할 필요도 있다. 부처님에 대한 어떤 고정 관념에 사로잡혀 있으면 현대인들의 정서에 맞는 새로운 봉축 행사를 마련할 수 없을 것이다.

부처님은 결코 법당에 계시지 않고, 일정한 종단에도 계시지 않는다. 땀 흘리는 탄광에, 병원에, 고통받는 사람들 가운데 확실히 나타나 계신다. 그러한 부처님을 보여주기 위해 봉축 행사를 하는 것이다.

그런 의미에서 조계종 종단 차원에서 행했던 헌혈 동참 운동의 전개는 매우 뜻깊은 일이며, 이는 불교가 말로는 병자를 돕는다고 하면서 때로는 가장 매정한 종교로 비쳐졌던 선입관을 불식시키는 좋은 본보기가 된다. 더구나 불우 소년 소녀 가장 돕기 서화전 같은 것도 아픔을 같이하는 동체대비 정신을 구현하는 획기적인 행사라고 볼 수 있다.

그동안 불교는 시대의 아픔에 동참하지 않는다는 비난이 일각에서 일었으니, 이런 행사의 지속적인 실천을 통해 환골탈태하는 모습을 보여야 할 것이다.

더구나 역사적으로 봐 불교 행사는 우리 민족에게 단순한 종교 행사가 아니라 민족적인 행사였다. 시대적 아픔과 앙금을 해소하는 일종의 민족 축제였던 것이다.

오늘날 우리는 봉축 행사가 불교인들만의 종단, 신행 단체만의 행사가 아니라 민족의 대축제가 되도록 고양시켜 부처님이 인간 해방을 선언했듯 이 행사가 한풀이의 인간 해방, 민족의 축제로 승화되도록 해야 할 것이다.

부처님은 깨달음을 얻고서 말씀하셨다.

아, 기특하도다. 모든 중생이 다 이 같은 지혜와 덕상을 갖추었
건만 다만 망상에 집착되어 스스로 체득하지 못하는구나. 만
약 이 망상에 대한 집착만 여읜다면 곧 일체의 지혜, 자연의
지혜, 스승이 없는 지혜를 얻게 될 것을.

우리는 나고 죽음을 객관적 실재인 양 생각하고 살고 있다.
태어난 삶은 있는 것이고 죽음의 무는 없는 것이라고 믿는다.
유한의 세계 속에서 유한의 인생을 말하고 영원을 잊고 있다.
　　영원의 세계는 눈에 보이지 않기 때문에 없다고 착각한다.

눈에 보이는 감각적 경험의 세계만 있다고 집착하는 자는 중생이요, 감각적 세계에 대한 집착을 떠날 때 곧 열반의 영원을 알게 된다.

중생과 보리(菩提, 부처의 깨달음)가 따로 있는 것이 아니고, 나 아닌 타자가 계시나 은총의 빛에 의해 구원해주는 것이 아니다. 바로 지금 여기 있는 우리 한 사람 한 사람이 무한 능력과 가능성을 지닌 부처다.

부처님은 무상정각(無上正覺, 더 높은 곳이 없는 깨달음 또는 최고의 깨달음)을 성취하신 분이다. 그러나 그 무상정각의 부처님도 우리와 똑같은 인간이었음을 상기해야 한다. 인간으로 태어나서 모든 상을 여의고 무한한 자비를 발휘하게 되었다. 부처님은 모든 중생이 누구 하나 빠짐없이 지혜의 덕상을 갖추고 있건만 이 사실을 모르는 사람이 곧 중생이라고 말씀하셨다.

중생이란 다름이 아니라 자기가 스스로 귀한 보물을 가지고 있는 금광임에도 불구하고 스스로 나는 아무런 가치가 없고, 다만 운명의 소산이라고 믿는 사람이다.

부처님의 성도(成道, 진리를 깨치다)는 곧 인간의 무한성을 선언한 것이다. 인간은 죄인도 아니요, 질병의 소유자도 아니요, 죽음의 존재도 아니요, 운명에 매여 있는 상태도 아니요, 우수의 존재도 아니요, 실체의 존재도 아니요, 탐진치 삼독에 파묻힌 존재도 아니요, 무명(無明)의 쇠사슬에 얽힌 존재도 아니다.

바로 광명의 불성인 환희, 기쁨, 무한, 영원, 무죄, 자유,

동화(同和)의 거룩한 존재다. 우리 인간은 불성 인간(부처의 성품을 가진 인간)이다. 우리 인간은 부처님의 무한 생명을 갖추고 있는 자다. 그 누가 인간을 불안과 속박과 불평등의 원천이라고 말할 수 있는가?

인간은 한 사람, 한 사람 고귀한 부처님의 생명을 가지고 있고, 그것을 스스로 발휘하고 살아 나가고 있다. 그런데 이것을 모르고 대립하고 싸우고 인정하지 않고 비난하고 불평하는 자가 곧 중생이다.

중생은 우리가 나 자신 본래 밝고, 맑고, 기쁨에 차 있음을 부정하는 사람이고 이것을 확인하고 언제나 밝고 맑은 마음으로 생활하는 자가 곧 보리에 든 사람이다.

번뇌와 망상은 무명의 그림자다. 그럼에도 불구하고 번뇌와 망상에 사로잡혀 그것을 참인 양, 진리인 양 착각하는 것이 중생이다. 우리가 중생이 아님을 선언하는 것은 인간의 본성이 본래부터 무명의 어둠에 있음을 착각한 생각을 바른 위치에 놓는 것이다.

현대 세계는 상호 간에 자신의 사상과 이익을 내세우며 싸움을 그칠 줄 모른다. 강대국은 약소국을 인정하지 않고 강대국의 기득권을 보존하고 유지하기 위해, 약소국은 약소국대로 여기에 저항해 전쟁을 도발한다. 종교인들도 모두가 자기 종교만이 최상이라는 아집에 사로잡혀 다른 종교를 비방한다. 나는 너의 존재를 인정하지 않고 내 속으로 너를 끌어들여 나와 동일한 존재로 만들려고 한다.

이러한 상황이기에 싸움은 끝이 없고, 평화와 조화의 오케스트라는 연주를 멈추고 말았다. 불평등과 불협화음이 인간에게 극도의 잔인성을 부채질한다.

그러나 부처님의 성도는 말한다. 인간은 본래부터 불성의 소유자요, 진리 자체임을 선언한다. 열등과 고뇌, 비탄과 참혹으로부터 인간을 구원했다.

왜 분쟁과 갈등의 망상에 집착하는가? 이는 상대를 인정하지 않는 데서 시작하는 것이다. 부처님은 아무리 가치 없어 보이는 미물일지라도, 산천초목이라 할지라도 그것은 그것대로 우주의 본성임을 확인했다.

네가 있으므로 내가 있고, 내가 있으므로 네가 있는 것이다. 나만의 고정불변한 존재는 없는 것이다. 그러기에 부처님은 자신만 내세우는 사상과 이념을 비판했다. 이미 어떤 주의만 옳다고 주장한다면 그것은 이미 획일화되고, 동일화된 것으로 진리라고 볼 수 없는 것이다.

더럽든 아름답든 추하든 예쁘든 어떤 모습으로 보일지라도 모든 것 속에서 참다운 부처를 보는 것이 곧 망상의 집착을 벗어나는 것이다. 너는 너대로 있으면서 내가 없으면 너는 없는 것이다. 어떠한 개성이든 모두가 그것대로 가치가 있는 것이다.

그렇기에 모든 생명의 존엄성을 인정해야 한다. 개체의 존엄성이 전체 속에서 갈등을 느끼지 않고, 전체 속에서 개체가 파괴되지 않는 것이 곧 인간이 찾아야 할 진리의 참모습이다.

우리를 괴롭히고 우리를 비난하고 우리를 경멸하는 것이 있다면, 그것은 그러한 실체가 있어서 그렇게 하는 것이 아니라, 우리의 불성에 그림자가 드리워져 있기 때문이다. 그것은 하나의 그림자에 불과하다. 그림자는 실체가 없으니 사라지는 것이요, 허망한 꿈이다. 꿈은 깨면 없어지는 것이다.

오직 있다고 하는 유에 대한 집착 또는 무에 대한 집착에 대해 유무가 함께 살아 있는 동화(同和)의 세계가 정각(正覺)의 세계다. 이것이 중도다. 이 중도의 선언이 곧 부처님의 성도다.

부처님의 성도는 곧 중도라고 했다. 중도란 이것과 저것을 함께 통틀어 화합해 새로운 것을 창출한다.

그러나 이러한 창출은 누가 하는가? 인간이 하는 것이다. 그렇기에 인간에게는 창조적 생명이 있다. 따라서 인간은 운명적이거나 절망적인 존재라는 비극화에 동참해서는 안 된다.

우리의 삶은 확실히 생이 있고, 노사가 있다. 생으로부터 노사에 이르는 길은 짧을 수도 있고 길 수도 있다. 그러나 그 전 과정이 때로는 전도몽상(顚倒夢想, 사물을 거꾸로 보는 것과 헛된 꿈을 꾸는 것)되어, 있는 것을 없는 것으로, 없는 것을 있는 것으로 보기 쉽다.

예를 들어 지금 나는 이 펜을 가지고 이 글을 원고지에 쓰고 있다. 내가 쓰고 있는 원고지는 확실히 표면이다. 아무리 내가 기발한 재주가 있다 하더라도 원고지 뒤쪽에 글을 쓸 수는 없다. 그렇기에 언뜻 보기에 이 원고지 표면만 있는 것으로 착각하는 습관이 있다. 실제로 지금 쓰고 있는 이 원고지 표면은 볼 수 있지만 뒷면은 볼 수 없기 때문이다.

하지만 눈으로 보지 못한 뒷면이 있다는 것을 직관적으로 알고 있다. 이것을 아는 것이 각(覺)이다. 양면을 볼 수 있는 눈을 가지려면 지금 보이는 것만 있다는 일체의 고정 관념을 버려야 한다. 지금 보이는 것이 고정불변하다는 관념을 버리기 위해서 지금의 것을 부정하는 것이다. 이 부정하는 것까지 부정하는 것이 참다운 중도요, 성도일 것이다.

자, 우리는 이제 부처님의 성도의 의미를 알았다. 부처님은 우리와 똑같은 인간으로서 일체의 진리를, 즉 삶과 죽음을 한 번에 보았다. 따라서 우리는 부처님이 보여준 진리의 길을 확인할 수 있다. 인간으로 깨달았기 때문에 인간적인 속성을 간직한 채 초월했던 것이다.

부처님의 간절한 인간 선언, 우리는 누구나 가치 있는 존재라는 선언에 대해 숙연해질 수밖에 없다. 그 누가 자신의 작은 지위와 재력과 명예로 인간을 함부로 얕잡아볼 수 있단 말인가?

인간의 거룩한 모습에 항상 감사하고 작은 것 하나하나 존경하는 마음이 충만해질 때 거기서 생명의 본질적인 위대한 힘을 발견할 것이다. 그리고 그런 모든 생명에 대한 외경(畏敬)이 바로 부처님이 성도한 눈으로 세상을 보는 것이다.

죽음에 관한 서양 철학의 고찰

철학과 종교의 근본적인 차이는 어디에 있는가? 철학은 존재의 근원을 회의적으로 묻고 있고, 종교는 근원적 존재에 대한 믿음으로부터 시작한다는 데서 그 영역을 달리한다고 대답할 수 있을 것이다. 간단히 말하면 철학은 회의(懷疑)이고 종교는 믿음이다. 그러나 그 믿음도 무조건적인 믿음이 아니라, 인간의 이성에 의한 합리적 믿음이다. 따라서 종교는 철학과 맞닿아 있고, 철학을 필요로 한다.

나는 철학이나 종교가 존재에 대한 궁극적인 물음을 전개한다는 점에서 출발점은 하나라고 보고 있다. 그리고 그 물음은 바로 죽음에 대한 물음이다. 또는 죽음의 극복을 시도하는 물음이다.

서양 철학은 요한 고트리이프 피히테가 말했듯 인간은 개성에 따라 다양하지만 문제의 초점을 정확히 하려면 그리스의 플라톤을 찾을 수밖에 없다.

　　플라톤은 "진정한 철학은 죽음의 훈련"이라고 말했다. 플라톤은 감각적인 세계 너머 영원불변한 완전한 세계가 있다고 보았다. 감각적인 세계는 현상계로 언제나 변화무쌍하지만, 그것을 초월한 영원불변한 세계는 이데아라고 해 현상계의 원형(原形)이라고 보았다.

　　따라서 현상계는 이데아의 묘사에 지나지 않는다고 말했으며, 육체는 변화하고 무상한 것이지만 영혼은 영원불멸하다고 했다.

　　우리의 영혼은 육체 속에 갇혀 지상 생활을 영위하기 전에는 이데아의 세계를 잘 알고 있었는데, 육체와 결합하면서 감각에 사로잡혀 그것을 망각하게 된 것이며, 따라서 우리가 이데아를 인식한다는 것은 본래 알고 있었던 것을 상기하는 것이라고 했다. 그러므로 이데아를 인식하려면 영혼을 육체로부터 해방시켜야 할 것이요, 이것은 지상에 있는 동안 철학적 노력에 의해, 그리고 궁극적으로는 죽음에 의해 성취될 수 있다는 것이 플라톤의 주장이다.

　　플라톤은 이처럼 육체와 영혼을 구분했는데, 이러한 영혼불멸 사상은 결국 우리의 육체가 죽는다는 사실에서 출발하고, 그 육체의 죽음을 영혼으로 극복하려는 데서부터 발생했다고 생각한다.

플라톤의 영혼불멸에 대한 인식은 곧 진리인 이데아에 대한 인식이었다. 그리고 이데아를 상기하는 것은 결코 육체적인 감각을 통해 얻을 수 없는 것이다. 따라서 플라톤은 이성의 순수한 사유를 주장했다. 그리고 그런 순수한 사유를 위해서 금욕적인 윤리 생활을 최상의 선택이라고 여겼다. 그러나 이런 생활 태도란 지극히 어려운 것으로 일반인들이 쉽게 실천할 수 없는 것이다.

플라톤적인 죽음 극복의 전통은 스토아학파의 철학으로 이어진다. 스토아학파는 이데아를 자연과 연관시켜, 자연에 따르는 생활로 정념에서 해방해 무감동 또는 정신적 평정에 이르는 것을 목표로 삼았다.

한편 앞서도 언급했듯 에피쿠로스학파는 쾌락을 선, 고통을 악이라고 보고, 인생의 목적을 쾌락으로 이해했다. 하지만 이들은 감각적인 쾌락만이 아니라 적극적이고 영속적인 정신적 쾌락을 마음의 평정이라고 해 이것을 최우선의 가치로 삼았다. 이들은 감각적인 쾌락을 정신적인 쾌락으로까지 연결시켰으나 정신의 불멸을 말하지는 않았다.

이들은 대체로 윤리적인 생활을 요구했다. 윤리적이라 함은 자연적인 감정적이고 물질적인 뜻을 억제하고 외계의 구속에서 벗어남으로써 확고부동한 인간 생활을 확립하는 것이다.

하지만 이것은 한갓 이론에 불과한 것이다. 유한한 능력을 가진 인간으로서는 실천하기 어려운 요구인 것이다. 결국 인간은 자력에 의해 정신적 안정을 얻을 수 있다는 신념을 상실하게 된다. 따라서 정신적 평안 같은 내면적 요구를 인간 이성에서가 아니라 초자연적 권위에 기대게 되었다.

필론이라는 철학자가 있었다. 필론은 유대인으로서 그리스 철학과 유대교 신학을 결합시켜 체계화했다. 필론의 철학은 이런 것이다. 이 세계는 신, 초월자, 무한 절대적인 활동자, 시작도 끝도 없는 창조자인 신의 힘에 의해 유지되어간다. 그럼에도 불구하고 이 세계가 추악함에 물드는 것은 바로 물질적인 악 때문이다. 인간 역시 영혼이 타락해 악의 근원인 육체라는 무덤 속에 갇힌 존재다.

그러므로 인간은 육체의 구속으로부터 해방될 필요가 있다. 그러나 그것은 오직 신에 의해서만 가능한 것이다. 따라서 신앙을 통해서 달성할 수 있는 것이다. 신앙에 의해서 어떠한 매개도 통하지 않고, 직접 신과 결합하는 것이다. 바로 이것을 엑스터시(ecstasy, 황홀)의 경지라고 한다.

플로티누스 역시 우주의 근원을 신이라 했다. 이 신은 어떠한 대립도 초월한 절대자인 동시에 일체만물의 근원이다. 일자 혹은 제일자라고도 부른다. 일체만물은 이 일자인 신으로부터 유출되어 나온다. 그 순서는 예지[nous, 지성으로 주로 해석]-영혼-세계 영혼-개체 영혼으로서 세계 영혼은 예지가 간직하고 있는 이데아를 원형으로 가장 불완전한 감각적·물질적 현상계를 형성한다.

이리하여 완전자인 신으로부터 예지-영혼-물질계가 순차적으로 유출된다. 그것들은 근원인 신으로부터 멀어짐에 따라 완전성의 정도가 적어진다. 그러므로 불완전한 유출물의 이상인 일자인 신에게 돌아가는 데 있으며 따라서 인간의 영혼도 그 고향인 신에게 돌아감을 목적으로 한다. 그러므로 금욕에 의해 영혼을 육체의 구속으로부터 해탈시켜야 한다고 보았고, 신과 합일함으로써 엑스터시를 얻는다.

서양의 전통은 결국 인간을 영혼과 육체로 나누고, 영혼은 영원한 것이고, 육체는 순간적이라고 간주한다. 따라서 육체의 죽음을 극복하려면 영혼의 세계로 돌아가야 하고, 거기에 들어가는 방법은 육체의 해방이다. 그것이 신과 영혼이 합일하는 방법이다.

하지만 신과 육체의 합일 방법이 육체로부터의 해방 외에 다른 방법이 없었기에 현실적으로 실천하는 데 한계가 있었다. 이후 중세에 들어서면서 비로소 기독교가 나타나 믿음을 통해 이성의 불완전성을 극복하고, 하나님의 계시를 요구하게 된다.

기독교는 여러 철학적인 문제와 신학적인 전개가 시대적으로 다르겠지만 그 형식은 일단 영혼과 육체를 이원론으로 봐, 우리 육체의 소멸을 인정한다. 그리고 우리들 영혼이 하나님의 나라에 간다는 것이 중요하다. 그러나 누구나 다 하느님의 나라에 영혼이 가는 것은 아니다. 구원을 받아야 갈 수 있다.

아우구스티누스는 우리 인간은 지금은 죄가 많아서 구원을 바라고 있는 처지이지만 처음에는 신의 사랑으로 의지의 자유가 주어졌다고 한다. 그런데 인류의 시조인 아담이 의지의 자유를 악용해 신의 뜻을 배반했으므로, 그 후손인 인간이 나면서부터 죄를 범하지 않을 수 없는 처지에 떨어졌다.

　　이같이 인간은 그의 시조인 아담의 죄, 즉 원죄로 말미암아 자유를 잃었으므로 인간 자신의 힘으로는 구원받을 수 없게 되었다. 따라서 아우구스티누스는 사람은 신의 은혜를 입어야만 구원받을 수 있고 사람들 중에 누가 구원을 받는가 하는 것은 오직 신의 뜻에 달려 있으며, 신에 의해 미리 정해져 있다고 했다. 이것이 예정설이다. 그리고 신의 사랑을 매개해주는 것은 그리스도의 인류 구원을 대행하는 교회밖에 없다고 했다. 따라서 인간은 다만 교회를 통해서만 구원을 받게 된다는 것이다.

　　인간은 신에 대한 믿음, 소망, 사랑을 실천해야 하고, 이를 통해 육체의 죽음을 극복해 영혼을 구원받는다고 했다. 이같이 서양의 종교나 철학은 어떤 형태를 표방하더라도 인간의 죽음에 대한 극복을 그 출발점으로 삼고 있다.

이제 동양의 철학은 어떠한가를 살펴보자. 먼저 유교의 철학
이다. 유교는 한마디로 말하면, 천인합일(天人合一)을 내세우고
있다. 그들은 인간의 죽음에 대해 현실적이고 실재적인 것으로
파악한다. 인간이 죽으면 영혼이 불멸한다고 인정하지 않는다.
인간이 죽으면 영혼도 육체도 없어진다.

그런데 이런 허무는 쉽게 받아들일 수 없는 것이다. 그래
서 유교는 새로운 철학을 전개한다. 그것은 이 현상계가 변화
(變化)하고 무상(無常)한 것에 착안한 것이다. 이 세상은 계속해
낳고 죽는 연속의 세계라는 것이다.

《주역》에 일음일양지위도(一陰一陽之謂道, 한 번 음하고 한 번
양함을 도라고 한다)란 말이 있다. 음양의 교착은 곧 동과 정이다.

동과 정이 곧 생하고 멸함을 가져온다. 비록 낳고 죽는다고 해도 그 근원은 하나로 낳고 죽는 것이 없다는 것이다.

코스모스를 보자. 코스모스는 가을에 피고 진다. 그런데 내년에 다시 작년처럼 피고 질 것이다. 작년의 코스모스와 다를 바가 없다. 코스모스의 꽃과 잎은 작년의 것과 금년의 것이 다를지 모르지만, 종자는 하나다. 그래서 종족의 유지가 핵심인 것이다. 꽃과 잎은 변화하고 무상하지만 종자는 변함이 없다.

인간의 문제로 돌아와보자. 유교에서는 인간이 가장 이상적인 모범으로 삼아야 할 것을 자연이라고 간주한다. 자연이 변화무상하더라도 그 근원인 종자는 한결같듯 인간도 이러한 종자를 유지해야 한다는 것이다. 이것을 《주역》에서는 계지자선 성지자성(繼之者善 成之者性, 잇는 것이 선이요 이루는 것은 본성이다)이라고 했다. 낳고 낳음을 잇는 것이 선함이다.

인간도 여기에 근거해 이어 나가야 한다. 그 이어 나감은 곧 자손이다. 자손만대 인류를 이어 나감이 선이다. 따라서 유교의 이상은 대를 이어가는 것이며, 같은 논리로 조상을 숭배하고 효도해야 하는 것이다. 이것이 자연의 이치요, 인륜이라는 것이 유교의 주장이다.

도교를 생각해보자. 도교는 한마디로 말하면 불로장수를 이상으로 삼는다. 인간은 육체든 정신이든 영원히 죽지 않을 수 있다. 이 죽지 않는 세계를 신선이라고 한다. 신선이 되려면 인간은 자신의 몸을 자연 상태 그대로 유지해야 한다. 그 방법은 내단술과 외단술로 나눌 수 있다. 내단술은 태식법이라 하는데 이 태식법의 연원을 도교에서는 노자의 《도덕경》에서 찾았다.

《도덕경》은 글 도입부에 도가도 비상도 명가명 비상명(道可道 非常道 名可名 非常名, 도를 도라고 하면 상도가 아니요, 부를 수 있는 이름은 상명이 아니다)라고 했다.

이때 비상도를 《하상공장구(河上公章句)》(중국 한나라 때 하상공이라는 사람이 지은 《도덕경》 주석서)에서는 이렇게 말했다.

자연장생의 도가 아니다. 곡신은 죽지 않으니 이것을 현빈(玄牝)이라 이르고, 현빈의 문을 천지의 근본이라 이른다. 곡신의 신은 오장의 신이요, 현빈은 코와 입이다. 사람은 코와 입으로 천지의 기를 호흡한다.

따라서 면면히 존재하듯 호흡해야 한다.

태식법은 이러한 호흡을 통해 영원할 수 있다는 것이고, 외단술은 소위 약을 말하는데 식물성 약은 부패하지만 광물성 약, 특히 황금으로 만든 약은 부패하지 않으니 이것을 약으로 잘 만들어서 섭취하면 영원히 살 수 있다고 믿었다.

결론적으로 도교는 영혼과 육체의 죽음을 부정하고, 육체를 지닌 채로 영원히 살고자 했다.

마지막으로 불교의 죽음에 대한 철학을 살펴보자. 불교는 영혼과 육체를 둘로 보지 않는다. 육체는 현상계에서 변하지만 그 변화의 근본은 영혼이며, 그것을 마음이라고 보았다. 따라서 이 마음은 궁극적으로 변하지 않지만, 그 마음에서 마치 바다에서 파도가 일듯 변화가 생겨나 이 육체가 만들어졌다고 본다.

그러나 이 육체가 만들어진 것은 우연이 아니다. 마음의 움직임이라는 원인에 의해서 육체라는 결과가 주어졌다. 파도가 일어날 때 어떤 것은 태풍이 되어 무서운 힘을 내고 어떤 것은 약해 주변에 파도만 일으키듯 파도의 종류도 여러 가지가 있다. 파도가 그렇듯 인간도 여러 형태로 만들어진 것이다. 파도가 일 때 바다는 가만히 있듯 아무리 많은 육체를 가지고 태어나도 마음 자체는 변함이 없다.

불교의 윤회는 지금 나의 본래 마음은 부증불감(不增不減, 늘어남도 줄어듦도 없다)인데, 사람들이 그것을 알지 못하고 마음의 파도를 따라다녀 지금의 육체를 받았고, 그렇게 따라다니는 이유는 업이 있기 때문이라는 것이다. 따라서 업의 사슬을 끊고, 영원한 마음의 자리로 돌아가야 하며, 그 영원한 마음의 자리는 과거, 현재, 미래가 없는 것이다.

윤회는 전생, 금생, 내생을 말하고 또 지옥, 아귀, 축생, 수라, 인계, 천계를 말한다. 이것은 여름옷을 입고 있던 사람이 그 옷을 벗고 겨울옷으로 갈아입는 것과 같다. 옷을 갈아입는 것은 마음이다. 마음의 본래 청정한 세계에 가까이 가면 그 옷도 깨끗해지고, 반대로 가면 더러운 옷을 입게 되는 것이다.

따라서 본래 마음의 깨끗함을 깨달아 윤회를 벗어나야 한다는 것이 불교의 주장이다.

지금까지 동양과 서양의 철학을 통해서 죽음을 극복하는 방법에 대해 알아보았다. 죽음의 문제를 보다 깊이 이해할 때 우리 삶도 보다 폭넓게 살아갈 수 있는 것이다.

죽음은 삶의 이면이다. 죽음을 두려워하지도, 가볍게 생각하지도 않아야 한다.

죽음도 삶만큼 가치 있는 것이다.

현대는 가치가 사라진 시대라고 한다. 어떤 가치도 존중되지 않는 경향이 있다. 가치란 그것을 인정하지 않으면 아무런 효과가 없다. 아무리 인간의 가치가 이성적 비판과 자각에 있다고 외쳐봐도 듣는 사람이 그것을 인정하지 않으면 아무 소용이 없다.

　오늘날 인간의 가치를 존중하는 사람도 점점 줄어들고 있다. 이런 추세가 계속되면, 인간은 어디에서 발붙이고 살 수 있단 말인가? 새로운 인간 비극의 탄생이 눈앞에서 전개되고 있는 것 같다.

　어린이 만화 영화에 〈별들의 싸움〉이라는 프로그램이 있었다. 내용을 잠깐 소개하면, 화성계에 살고 있는 사람들은 모두가 가면을 쓰고 있었다. 그리고 조상 대대로 내려오는 유언이 있었는데, 결코 얼굴에 쓴 가면을 벗지 말고 또 다른 사람에 의해서도 벗겨지면 안 된다는 것이었다. 가면을 벗게 되는 날 그들의 종족은 멸망한다는 경고가 있었다.

프로그램이 진행되면서 화성인들은 가면을 벗게 된다. 그런데 놀라운 사실을 발견한다. 모두 똑같은 얼굴이었다. 이것으로 화성인들은 유언의 진의를 알게 된다. 모두가 차이가 없는 똑같은 얼굴, 결국 화성인들은 그것으로 인해서 망하고 만다.

나는 여기서 인간의 다양성, 다양한 가치의 표출, 그것이 인정될 때 인간의 가치가 뚜렷하게 드러난다는 것, 인간이 살아가는 의의가 있다는 교훈을 발견했다.

획일화되고 단일화되는 사회는 저 가면 벗긴 사람들의 세계처럼 무가치한 것이다. 서로 다르기에 유효한 가치를 가지는 것이다. 그러한 차이, 다원적인 가치, 다양성의 가치를 외친 분이 바로 부처님이다.

부처님은 모든 중생이 곧 부처라고 말씀하셨는데, 그때 모든 중생은 하나의 중생, 획일화된 중생이 아니라 하나하나가 모두 다른 중생인 그들이 본래가 부처라고 말씀하신 것이다. 가치의 일원화는 곧 가치를 물질화한다. 물질화된 가치는 이미 가치가 아니다. 그것은 사유를 벗어나 공동(空洞)화된 세계다.

부처님은 《화엄경》에서 말씀하셨다.

모든 부처님을 예배하고 공경하겠습니다.

부처님은 하나가 아니다. 극미진수의 부처님이다. 티끌같이 많은 부처님을 예배하고 공경하겠다는 것이다. 그런데 그 티끌처럼 많은 부처님은 누구인가? 그들이 곧 중생이다.

중생은 수없이 많은 모습으로 나타나고 있다. 나에게 미운 사람, 고운 사람, 적과 동지, 어머니, 아버지, 자식, 친구 기타 등등 중생의 모습은 그야말로 티끌처럼 많다.

그러한 모습이 나에게 어떻게 나타나더라도 그들은 모두 부처님이라는 것을 알아야 한다. 부처님이란 나와 별개의 모습을 한 전혀 다른 사람이 아니다. 나의 적으로 나타날 때 그때 그를 부처님으로 맞이하는 것이 바로 내가 가진 부처의 마음이다.

부처님은 하늘에 있고 땅속에는 있지 않는 그런 분이 아니다. 진정으로 모든 중생, 그중에서 나와 지금 관계를 맺고 있는 바로 그 사람을 예배하고 공경하는 데서 부처님은 광명과 환희로 나타나는 것이다.

부처님은 이웃으로, 병든 이로, 부모로 나타난다. 우리가 중생이라고 부를 때 그것이 중생이라는 고유 불변한 어떤 특성이 따로 있는 것이 아님을 말하는 것이다. 우리는 언제나 부처님과 함께 있다.

보살은 이같이 평등한 일체중생을 이익되게 하는 것이라고 했다. 어떤 까닭인가? 만약 보살이 능히 중생을 따르면 곧 모든 부처님을 따르고 공양함이며, 만약 중생을 존중하고 받들어 섬기면 곧 여래를 존중하고 받들어 섬김이 된다. 만약 중생으로 하여금 환희심이 나게 하면 곧 일체 여래로 하여금 환희하게 함이다. 어떤 까닭인가?

모든 부처님은 대비심으로 체를 삼는 까닭에 중생으로 인해 대비심을 일으키고, 대비로 인해 보리심을 발하고, 보리심으로 인해 등정각을 이룬다고 경전에서는 말한다.

중생을 존중하고, 중생으로 하여금 환희심을 내게 하고, 예배하고 공경하는 그 가운데 부처님은 있다. 또한 부처님은 대비심으로 등정각을 이루니 모름지기 우리는 대비심으로 중생을 이익되게 하는 데서 곧 부처님을 볼 수 있다.

오늘날과 같이 가치가 사라진 시대를 극복하는 방법은 부처님의 이러한 대비심을 본받아 일체중생을 예배하고 존중해 나와 네가 모두 가치 있는 사람으로 거듭나는 것이다.

노철학자의 인생수업

1판 1쇄 인쇄 2018년 12월 7일
1판 1쇄 발행 2018년 12월 17일

지은이 송석구

펴낸이 최준석
펴낸곳 한스컨텐츠㈜
주소 서울시 마포구 동교로 136, 401호
전화 070-5117-2318 팩스 02-2179-8103
출판신고번호 제313-2004-000096호 신고일자 2004년 4월 21일

ISBN 978-89-92008-81-5 03100

이 도서의 국립중앙도서관 출판예정도서목록(CIP)은 서지정보유통지원시스템 홈페이지(http://
seoji.nl.go.kr)와 국가자료공동목록시스템(http://www.nl.go.kr/kolisnet)에서 이용하실 수
있습니다. (CIP제어번호 : CIP2018039778)